Investieren in 3 Minuten

Julia Kruslin, Mitgründerin von »beatvest«, hat einen BWL-Hintergrund und verfügt über eine fundierte Erfahrung in der Strategieberatung. Als ehemalige Investment-Anfängerin versteht sie die Bedürfnisse von Einsteiger:innen und ist als Produktverantwortliche bei beatvest in wöchentlichem Austausch mit Nutzer:innen.

Sophie Thurner, ebenfalls Mitgründerin der Finanzwissen-App »beatvest«, hat Finanzwirtschaft studiert und bringt über zehn Jahre Erfahrung in der Finanzbranche mit, die sie im Banking und in der Finanzaufsicht in UK (FCA) und den USA (SEC) gesammelt hat.

JULIA KRUSLIN & SOPHIE THURNER

INVESTIEREN IN 3 MINUTEN

Der interaktive Guide für den Einstieg

Campus Verlag
Frankfurt/New York

MIX
Papier | Fördert gute Waldnutzung
FSC® C089473

ISBN 978-3-593-52168-8 Print
ISBN 978-3-593-46326-1 E-Book (PDF)
ISBN 978-3-593-46325-4 E-Book (EPUB)

Umschlaggestaltung: studioheyhey.com
Satz: inpunkt[w]o, Wilnsdorf (www.inpunktwo.de)
Druck und Bindung: Beltz Grafische Betriebe GmbH, Bad Langensalza
Beltz Grafische Betriebe ist ein Unternehmen mit finanziellem Klimabeitrag (ID 15985-2104-1001).
Printed in Germany

Campus Verlag® / www.campus.de

Inhalt

Warum dieses Buch deine Sicht auf Geld verändern wird

Meine Reise zeigt: Du kannst das auch

Das Investieren hat mein Leben grundlegend verändert. Heute verstehe ich, wie Geld funktioniert, wie ich es für mich arbeiten lassen kann und wie es mir eine sichere Zukunft schafft. Doch das war nicht immer so. In meiner Familie hat niemand investiert. Der Finanzmarkt war für mich ein fernes, abstraktes Konzept, das ich höchstens aus den Abendnachrichten kannte. Beim Blick auf mein Bankkonto spürte ich jedes Mal ein ungutes Gefühl. Tief in mir wusste ich, dass ich mein Geld eher aus dem Bauch heraus als mit Verstand verwalte. Und das, obwohl ich Betriebswirtschaft an einer renommierten Universität studiert hatte.

Mein eigener Weg hat mir gezeigt, wie viel Eigenverantwortung beim Thema Geld nötig ist. Denn weder in der Schule noch im Studium lernen wir, wie man mit Geld wirklich umgeht.

Ich erinnere mich noch genau an den Moment, der alles veränderte. Auf einem Roadtrip durch Italien kam ich mit meiner Freundin Eva auf das Thema Finanzen zu sprechen. Sie erklärte mir, warum Investieren so wichtig ist, um langfristig Sicherheit und Freiheit zu schaffen. Ich war skeptisch, hatte unzählige Gegenargumente und wollte es nicht wahrhaben. Doch nach Stunden intensiver Diskussion war mir klar: Sie hatte recht.

Obwohl ich als Unternehmensberaterin zu den Gutverdiener:innen in Deutschland gehörte, ließ mich ab dem Zeitpunkt eine Frage nicht mehr los: »Würde ich im Alter genug haben?« Ich rechnete nach, und was ich herausfand, schockierte mich. Aus heutiger Perspektive kann ich davon ausgehen, dass ich kaum mehr als 1 000 Euro Rente erhalten werde. Mir wurde etwas bewusst, das mein Denken veränderte. Wenn es mir, einer gut ausgebildeten und finanziell unabhängigen Frau so geht, wie muss es dann erst Millionen von Menschen in Deutschland ergehen, die deutlich weniger verdienen?

Tatsächlich ist die Realität ernüchternd. In Deutschland gelten inzwischen 21 Prozent aller Rentner:innen als armutsgefährdet – das ist jede fünfte Person. Viele von ihnen haben ihr Leben lang gearbeitet, Steuern gezahlt und scheinbar alles richtig gemacht. Dennoch reicht ihre Rente oft nicht aus. Das System ist brüchig. Doch kaum jemand spricht offen darüber.

Ich begann umzudenken. Wenn das System uns nicht absichert, was dann? Gibt es einen Ausweg aus dieser finanziellen Abhängigkeit? Ja, den gibt es: das Investieren.

Trotzdem investieren in Deutschland insgesamt nur 17 Prozent der Menschen.[1] Genau das ist der Unterschied zwischen der breiten Bevölkerung und den Millionär:innen, welche ich bisher kennenlernen durfte. Das ist der Unterschied zwischen denen, die ihr Geld für sich arbeiten lassen, und denen, die hart arbeiten und trotzdem nie genug haben werden. Das ist der Unterschied zwischen finanzieller Freiheit und Altersarmut. Das ist das Geheimnis, das die einen kennen und die anderen nicht. Und nein, es liegt nicht daran, dass reiche Menschen schlauer sind oder mehr Startkapital haben. Es liegt daran, dass sie etwas wissen, das uns niemand beigebracht hat. Sie haben verstanden, wie Geld wirklich funktioniert.

Als mir das klar wurde, fing ich an zu lernen. Ich las Bücher, schaute Videos und probierte Verschiedenes aus. Und weißt du, was das Verrückte daran war? Es war gar nicht kompliziert. Die Finanzwelt tut so, als wäre sie nur für Eingeweihte. »ETF«, »Depot«, »Diversifikation« – das klingt wie eine Geheimsprache. Aber es ist wie mit H_2O. Hinter dem komplizierten Namen steckt etwas total Einfaches: Wasser. Das Problem ist nicht, dass du es nicht verstehen kannst. Das Problem ist, dass es dir niemand so erklärt hat, dass du es verstehst.

Genau das ändern wir jetzt.

Egal, wer du bist, woher du kommst, wie alt du bist oder wie viel Geld du gerade hast – du kannst deine Finanzen verstehen. Du kannst lernen, dein Geld für dich arbeiten zu lassen. Du kannst zu den 17 Prozent gehören, die investieren, und du kannst verhindern, dass du zu den 21 Prozent gehörst, die im Alter arm sind. Alles, was du brauchst, ist die Bereitschaft, Schritt für Schritt loszugehen. Und genau dabei hilft dir dieses Buch, das ich zusammen mit der Finanzexpertin Sophie Thurner geschrieben habe.

Gemeinsam haben wir 2021 beatvest gegründet, eine App, die Tausenden von Menschen geholfen hat, ihre Finanzen zu verstehen und anzupacken. Die Rückmeldungen zeigen uns jeden Tag: Es funktioniert. Nicht, weil wir Wunder versprechen, sondern weil wir Finanzen endlich so erklären, wie sie sein sollten: einfach, klar und machbar. Und genau das berichten auch Menschen, denen beatvest geholfen hat:

Sandra, 45, Grafikdesignerin aus München: »Mein Mann hat mich verlassen. Von einem Tag auf den anderen stand ich allein da. Wir hatten gut gelebt, Urlaube, schöne Wohnung, alles. Aber ich hatte mich nie um die Finanzen gekümmert. Das war immer sein Ding. Plötzlich merkte ich: Ich hatte nichts zurückgelegt. Trotz meines Jobs war ich auf dem direkten Weg in die Altersarmut. beatvest hat mir die Augen geöffnet. Zum ersten Mal habe ich verstanden, wie ich vorsorgen kann und dass es auch mit 45 noch nicht zu spät ist. Heute investiere ich jeden Monat und weiß, dass ich im Alter nicht arm sein werde.«

Markus, 38, Manager bei einem Automobilhersteller in Wolfsburg: »Ich verdiene gut und wollte schon lange für unsere Familie vorsorgen, aber ehrlich gesagt wusste ich nicht, wie. Ich hatte Angst, etwas falsch zu machen. Die Bank wollte mir teure Produkte verkaufen, die ich nicht verstand. Freunde redeten von Aktien, aber das klang alles so kompliziert. beatvest hat mir Schritt für Schritt gezeigt, wie es geht, ganz ohne Fachchinesisch. Heute haben wir einen Plan. Ich weiß, dass meine Familie abgesichert ist. Das gibt mir und meiner Frau ein unglaublich gutes Gefühl.«

Mit diesem Buch verfolgen wir denselben Anspruch wie mit unserer App: keine trockene Theorie, keine Überforderung, keine abschreckenden Fachbegriffe. Stattdessen zeigen wir dir praktische Schritte, die du sofort umsetzen kannst. Klare Etappen, die aufeinander aufbauen, und Erfolgsmomente, die nicht erst in Jahren eintreten, sondern jetzt. Am Ende dieses Buches wirst du nicht nur verstehen, wie Finanzen funktionieren. Du wirst deine ersten Schritte bereits gegangen sein. Du wirst ein Budget haben. Du wirst deine ersten Investments gemacht haben und das Selbstvertrauen haben, um deine finanzielle Zukunft zu gestalten.

Was mich von einer unsicheren Anfängerin zur Gründerin in der Finanzbranche gemacht hat, war kein besonderes Talent. Es war die Entscheidung, anzufangen, dazuzulernen und dranzubleiben. Auch wenn es sich am Anfang hart anfühlen kann, geht es letztendlich erstaunlich leicht von der Hand und macht sogar Spaß. Diese Entscheidung kannst auch du treffen. Heute. Jetzt.

Vom Klassenraum zur Wall Street und wieder zurück

Mein Name ist Sophie. Ich bin die zweite Autorin dieses Buches. In den vergangenen Jahren habe ich bei einigen der renommiertesten Institutionen der internationalen Finanzwelt gearbeitet, darunter bei den Finanzaufsichtsbehörden Financial Conduct Authority (FCA) in Großbritannien und der Securities and Exchange Commission (SEC) in den USA. Heute nutze ich mein erworbenes Wissen, um finanzielle Bildung für alle zugänglich zu machen.

Mein persönlicher Weg in die Finanzwelt begann jedoch viel früher, im Jahr 2008, während der globalen Finanzkrise. Ich war damals noch in der Schule, als Familien in meinem Umfeld plötzlich von Arbeitslosigkeit betroffen waren und Pläne für die Zukunft über Nacht zunichte gemacht wurden. Diese Ereignisse prägten nicht nur die Weltwirtschaft, sondern auch meinen Blick auf die Bedeutung von Geld und Sicherheit. In meinem Umfeld sah ich, wie schnell Lebenspläne ins Wanken geraten können. Ich wollte verstehen, wie diese komplexen Zusammenhänge funktionieren. Warum passiert so etwas? Wie hängen die verschiedenen Teile unseres Finanzsystems zusammen? Diese Fragen beschäftigten mich fortan.

Ein Schlüsselmoment war eine Frage, die ich meiner Lehrerin im Wirtschaftskurs stellte: »Wie wird man Millionärin?« Ihre Antwort war so simpel, dass ich ihr zunächst gar nicht glauben konnte: »Sophie, wenn du jeden Monat 100 Euro investierst, bist du als Rentnerin Millionärin.« Das klang zu einfach und zu schön, um wahr zu sein. Aber sie hatte recht. Diese mathematische Realität hat mich fasziniert und meine Leidenschaft für die Finanzmärkte entfacht.

Später führte mich diese Leidenschaft in die Welt der Finanzaufsicht nach England und die USA. Ich hatte die Möglichkeit, bei den größten Finanzaufsichtsbehörden der Welt zu arbeiten. Dort überwachte ich Finanzunternehmen und bekam einen tiefen Einblick in die Funktionsweise der globalen Finanzmärkte. Was mich in diesen Ländern besonders beeindruckte, war die Selbstverständlichkeit, mit der Menschen über Geld und Investitionen sprachen. In Großbritannien und den USA war es völlig normal, dass mehr als die Hälfte der Gesellschaft ihr Geld anlegte. Kolleg:innen unterhielten sich beim Mittagessen über ihre Anlagen, tauschten Tipps aus und sahen das Investieren als natürlichen Teil ihres Lebens an.

Als ich nach Deutschland zurückkehrte, erlebte ich in dieser Hinsicht einen Kulturschock. Die Realität hier war völlig anders. Menschen, die genauso intelligent und gebildet waren wie meine internationalen Kolleg:innen, hatten oft große Berührungsängste mit dem Thema Geldanlage. Das liegt an der Finanzkultur unseres Landes und dem Bildungssystem. Während in anderen Ländern finanzielle Bildung zum Lehrplan gehört, lernen wir in Deutschland kaum etwas über den Umgang mit Geld. Ob jemand etwas über Finanzen weiß, hängt hauptsächlich davon ab, was zu Hause am Esstisch besprochen wird. Das ist unfair und führt zu einer gesellschaftlichen Spaltung. Diese Ungerechtigkeit wollte ich nicht länger hinnehmen. Finanzwissen sollte nicht vom Elternhaus abhängen, sondern für alle zugänglich sein.

Die Methode »Lernen – Testen – Anwenden«

Vom Lesen ins Tun: So arbeitest du mit diesem Buch

Bevor wir in die Inhalte einsteigen, werfen wir einen kurzen Blick hinter die Kulissen. Dieses Buch arbeitet mit dir, nicht nur für dich. Du lernst in kleinen Schritten, probierst das Gelernte sofort aus und setzt es direkt mit überschaubaren Beträgen um. Damit du weißt, was dich erwartet und warum dieser Aufbau so gut funktioniert, erklären wir dir jetzt die Methode, die sich durch das ganze Buch zieht.

Die Angst vor dem ersten Schritt

Du sitzt an deinem Laptop, öffnest Google und tippst: »Wie fange ich mit dem Investieren an?« 2,4 Millionen Suchergebnisse erscheinen vor dir. Du klickst auf den ersten Link, dann auf den zweiten, dann auf den dritten. Jeder Artikel verspricht dir die »beste« Strategie, die »sichersten« Anlagen, den »schnellsten« Weg zum Reichtum. Nach zwei Stunden hast du zehn Tabs offen und verstehst weniger als vorher.

Kommt dir das bekannt vor? Du bist nicht allein. Jeden Tag wollen Tausende Menschen mit dem Investieren beginnen und scheitern an der schieren Informationsflut. Es gibt Blogs, die über komplexe Finanzinstrumente sprechen, als wären es Kochrezepte. YouTube-Videos, die voraussetzen, dass du bereits ein solides Grundwissen hast. Podcasts, in denen Menschen über »Diversifikation ihrer Portfolios« sprechen, während viele nicht einmal wissen, was ein Sparkonto von einem Girokonto unterscheidet. Viele dieser Informationsquellen wurden von

Menschen geschrieben, die schon so tief in der Finanzwelt stecken, dass sie vergessen haben, wie es sich anfühlt, komplett am Anfang zu stehen.

Dann kommt die Lähmung. Hat man so viele widersprüchliche Informationen gesammelt, weiß man nicht mehr, wem man vertrauen kann. Ein Artikel sagt, dass Einzelaktien der richtige Weg seien. Ein anderer warnt vor den Risiken und empfiehlt nur »sichere« Anlagen. Ein dritter behauptet, dass ohne mindestens 10 000 Euro Startkapital sowieso alles sinnlos sei.

Man fängt an zu zweifeln: »Vielleicht bin ich einfach nicht schlau genug für so etwas. Vielleicht sollten nur Menschen mit Wirtschaftsstudium investieren. Was ist, wenn ich mein ganzes Geld verliere?« Diese Gedanken sind weitverbreitet und halten Millionen von Menschen davon ab, überhaupt anzufangen.

In drei Schritten zum Erfolg

Investieren in 3 Minuten ist nicht nur der Titel dieses Buches, sondern auch unser Versprechen an dich. Du erhältst hier klare, verständliche und sofort anwendbare Informationen, mit denen du direkt starten kannst. Anstatt dich mit langen Theorieblöcken aufzuhalten, wirst du nach jedem kleinen Lernschritt etwas Praktisches umsetzen. So wächst dein Wissen gemeinsam mit deiner Erfahrung und du kommst vom Verstehen direkt ins Handeln.

Im Mittelpunkt stehen dabei ETFs. Vielleicht hast du diesen Begriff schon einmal gehört, vielleicht sagt er dir aber auch noch gar nichts. Keine Sorge, wir erklären dir später ganz genau, was ETFs sind und warum sie für den Einstieg so sinnvoll sind. Wichtig ist nur zu wissen, dass sie zu den beliebtesten Anlageformen gehören, sowohl bei Neulingen als auch bei erfahrenen Investierenden. ETFs sind leicht verständlich, kostengünstig und haben sich über viele Jahre hinweg als renditestark erwiesen. Wir begleiten dich behutsam durch das Thema, sodass du dich auch als Finanzneuling am Ende sicher und selbstbewusst fühlst, wenn du deine ersten eigenen Investitionen tätigst. Damit das gelingt, folgt jedes Modul in diesem Buch einer klaren Struktur.

Schritt 1: Lernen in Häppchen: Das Buch vermittelt dir genau die Inhalte, die du für deinen nächsten praktischen Schritt benötigst. Wenn du deinen ersten Sparplan einrichtest, erhältst du zuvor die passende Erklärung dazu. Sobald du in deinen ersten ETF investierst, erfährst du genau an dieser Stelle, wie ETFs funktionieren.

Die Lernabschnitte sind bewusst kompakt gehalten und lassen sich in wenigen Minuten erfassen. So kannst du das Gelernte unmittelbar umsetzen, ohne dich überfordert zu fühlen oder mit unnötig komplexer Fachsprache auseinandersetzen zu müssen.

Schritt 2: Testen ohne Risiko: Nach jedem Modul hast du die Möglichkeit zu prüfen, ob du das Gelernte wirklich verstanden hast. Anstelle trockener Multiple-Choice-Fragen setzt dieses Buch auf praxisnahe Mini-Übungen. Du arbeitest mit deinen eigenen Zahlen, vergleichst konkrete Angebote für deine Situation und übst Entscheidungen mit kleinen, risikolosen Beträgen.

Zusätzlich erhältst du Einblicke in erprobte Strategien von Expert:innen. Wir zeigen dir, wie sie ihr Geld anlegen und welche Überlegungen hinter ihren Entscheidungen stehen. Mithilfe detaillierter Listen und praktischer Tools kannst du diese Ansätze Schritt für Schritt auf deine eigene Situation übertragen. Du beginnst also nicht bei null, sondern profitierst von den Erfahrungen erfolgreicher Anleger:innen. So baust du auf bewährten Grundlagen auf, anstatt das Rad neu erfinden zu müssen.

Schritt 3: Anwenden mit Leichtigkeit: Hier liegt die Kraft des Buches: Du setzt um, was du gerade gelernt und getestet hast. Nicht mit deinen gesamten Ersparnissen, sondern mit überschaubaren 25 oder 50 Euro. Du machst echte Erfahrungen, ohne Angst zu haben.

Warum kleine Schritte so kraftvoll sind

Jeder kleine Schritt baut Vertrauen auf. Nach deiner ersten erfolgreichen 25-Euro-Investition fühlst du dich sicher genug für 50 Euro. Nach drei Monaten erfolgreicher Erfahrung traust du dir 100 Euro zu.

Du wirst bewusste Entscheidungen treffen und nichts mehr dem Zufall überlassen. Investieren wird sich für dich klar und unkompliziert anfühlen, und du wirst in der Lage sein, innerhalb weniger Sekunden gute Entscheidungen zu treffen. Du wirst wichtige Finanzbegriffe verstehen, Gesprächen über Geldanlage folgen können und dich selbstbewusst daran beteiligen. Vor allem aber wirst du ein System an der Hand haben, das dir auch in unsicheren Zeiten Sicherheit gibt und dich auf Kurs hält. All das erreichst du ohne Stress. Du baust dir nach und nach Sicherheit auf und legst ein stabiles Fundament für deine finanzielle Zukunft.

Unsere Leitplanken für Qualität

Unser Ziel ist es, dir Wissen zu bieten, das höchsten Qualitätsstandards entspricht. Jedes Konzept ist sorgfältig ausgewählt, verständlich erklärt und so aufbereitet, dass du langfristig davon profitierst. Jeder Abschnitt ist so gestaltet, dass du ihn in etwa 3 Minuten durcharbeiten kannst. Diese Struktur passt perfekt in deinen Alltag: Statt stundenlang über Finanzthemen zu grübeln, investierst du täglich nur wenige Minuten in dein Wissen und kommst trotzdem schnell voran.

Die Inhalte sind in Zusammenarbeit mit Fachleuten aus den Bereichen Finanzen, Lernforschung und Pädagogik sowie mit Einsteiger:innen entstanden. So verbinden wir fachliche Präzision mit Verständlichkeit. Das Ergebnis sind Inhalte, die sowohl fundiert als auch leicht verständlich sind, unabhängig davon, wie viel Vorwissen du mitbringst.

Alle Inhalte in diesem Buch basieren auf geprüften Quellen. Wir greifen auf wissenschaftliche Studien, offizielle Statistiken und etablierte Fachliteratur zurück. Jede Aussage steht auf einem soliden Fundament und nicht auf Vermutungen oder Meinungen.

Warum investieren wichtig ist

Die unsichtbare Lücke in deiner Zukunft

Bevor wir in das erste Kapitel einsteigen, möchten wir dir etwas Wichtiges mitgeben. Dieses Buch beschäftigt sich im Kern mit einem Thema, das uns alle betrifft und das die Grundlage für deine finanzielle Freiheit bildet. Es geht um Altersvorsorge. Viele schieben dieses Thema gerne auf, weil es abstrakt wirkt oder weil man denkt, es sei noch viel Zeit. Doch genau darin liegt die Gefahr. Altersvorsorge ist die Basis für alles Weitere und zeigt sehr deutlich, warum es so wichtig ist, früh Verantwortung für die eigenen Finanzen zu übernehmen. Deshalb beginnen wir genau hier. Wer versteht, warum die staatliche Rente allein nicht ausreicht, erkennt sofort, weshalb finanzielle Bildung unverzichtbar ist. Altersvorsorge ist das Fundament. Darauf aufbauend kannst du durch Investieren aber noch so viel mehr erreichen. Du kannst Vermögen aufbauen, dich vor Inflation schützen und deine persönlichen Ziele verwirklichen. Das Thema Altersvorsorge wird trotzdem häufig verdrängt, weil es unangenehm erscheint oder weil man darauf vertraut, dass der Staat es schon richten wird. Doch wer später auf seinen Rentenbescheid schaut, erlebt oft eine böse Überraschung. Plötzlich wird klar, dass die gesetzliche Rente kaum ausreichen wird, um den gewohnten Lebensstandard zu halten.

Viele Menschen vertrauen allerdings darauf, dass die gesetzliche Rente ausreichen wird. Schließlich zahlen wir jeden Monat einen Teil unseres Einkommens in die Rentenkasse ein. Es klingt logisch, dass dieses Geld für uns angespart wird, bis wir es im Alter wieder brauchen.

Genau diese Vorstellung ist jedoch ein weitverbreitetes Missverständnis. Das deutsche Rentensystem funktioniert nämlich ganz anders. Es basiert auf dem sogenannten Umlageverfahren. Das bedeutet, dass die Beiträge, die du heute einzahlst, nicht für dich zurückgelegt werden, sondern sofort in die Rentenzahlungen der aktuellen Generation von Rentner:innen fließen. Deine eigene Rente wird eines Tages nicht von deinen eigenen Beiträgen stammen, sondern von den Menschen, die dann noch arbeiten. Dieses System nennt sich auch Generationenvertrag, denn es basiert auf dem einfachen Prinzip: Die Jungen finanzieren die Alten. Das hat jahrzehntelang wunderbar funktioniert, als es viele junge Menschen und wenige Rentner:innen gab.

Das eigentliche Problem zeigt sich, wenn man auf die Bevölkerungsentwicklung schaut. Es gibt immer weniger junge Menschen, während die Zahl der älteren Menschen stetig wächst. Dieser demografische Wandel ist die größte Umwälzung der Menschheitsgeschichte. Ein historischer Wendepunkt wurde 2018 erreicht, als es weltweit erstmals mehr Menschen über 65 Jahre als Kinder unter fünf Jahren gab.[2]

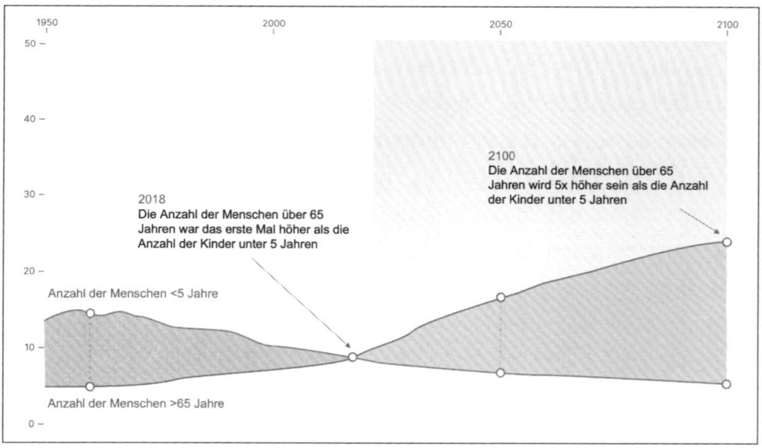

Wir bekommen weniger Kinder und werden gleichzeitig älter. In den meisten entwickelten Ländern liegt die Geburtenrate heute bei nur noch 1,3 bis 1,5 Kindern pro Frau. Das ist viel zu wenig, um die Bevölkerung stabil zu halten, denn dafür bräuchte es etwa 2,1 Kinder pro Frau[3]. Gleichzeitig leben Menschen heute deutlich länger als früher. Die Lebenserwartung ist in den letzten 50 Jahren um etwa 10 bis 15 Jahre[4] gestiegen. Somit gibt es immer mehr ältere Menschen im Vergleich zu jungen. Und genau hier liegt das Problem für das Rentensystem. Es funktioniert nur dann, wenn viele Junge für vergleichsweise wenige Alte zahlen. Heute dreht sich dieses Verhältnis Schritt für Schritt um. In Deutschland sind bereits 23 Prozent der Bevölkerung über 65 Jahre (2024), sprich fast jede vierte Person. Österreich folgt dicht dahinter mit 21 Prozent (2024), und die Schweiz liegt bei 20 Prozent (2024). Zum Vergleich: Japan führt weltweit mit 30 Prozent, gefolgt von Italien mit 25 Prozent.[5]

Immer weniger Menschen im Arbeitsleben müssen für immer mehr Renten aufkommen. Ein System, das auf dem Generationenvertrag basiert, gerät dadurch zwangsläufig unter Druck. Was früher stabil war, wird heute zu einer massiven Herausforderung, nicht nur in Deutschland, Österreich und der Schweiz, sondern weltweit.

Deutschland im internationalen Renten-Ranking

Laut einer Studie der OECD liegt Deutschland mit einer sogenannten Nettoersatzquote von 55,3 Prozent unter dem Durchschnitt der OECD-Länder (61,4 Prozent).

Die Nettoersatzquote, oft auch Rentenquote genannt, zeigt, wie viel Prozent deines letzten Nettoeinkommens du im Ruhestand als Rente bekommst. In Deutschland sind das aktuell also nur gut die Hälfte deines früheren Einkommens. Stell dir also vor, du bekommst plötzlich nur noch etwa die Hälfte deines bisherigen Gehalts. Könntest du damit deinen gewohnten Lebensstandard halten oder müsstest du spürbare Abstriche im Alltag machen? Die Realität ist, dass die gesetzliche Rente bereits heute kaum zum Leben reicht. In Deutschland erhielten Männer 2023 durchschnittlich 1 348 Euro monatlich, was bereits knapp bemessen ist. Noch dramatischer wird es bei Frauen, die mit lediglich 908 Euro über 400 Euro weniger als Männer erhalten.[6] Durch den rasanten demografischen Wandel wird die Rente in Zukunft für viele noch deutlich niedriger ausfallen.

Vielleicht denkst du dir jetzt: »Aber ich verdiene doch überdurchschnittlich gut, mich betrifft das nicht.« Das ist ein gefährlicher Irrtum. Ende 2023 bezogen lediglich etwa 18 273 Menschen in Deutschland eine staatliche Monatsrente über 3 000 Euro. Das sind weniger als 0,1 Prozent aller Rentenempfänger. Dabei handelte es sich um 17 217 Männer und nur 1 056 Frauen.[7]

Die Regierung wird es schon richten

Schon heute ist das System aus eigener Kraft nicht mehr tragfähig. Eigentlich sollten die laufenden Beiträge der arbeitenden Bevölkerung die Renten vollständig abdecken. Doch diese Beiträge reichen längst nicht mehr aus. Deshalb muss der Staat jedes Jahr zusätzlich rund 100 Milliarden Euro in das Rentensystem geben, damit alle Renten ausgezahlt werden können.[8] Das entspricht etwa einem Viertel des gesamten Bundeshaushalts.[9] Somit fließt jeder vierte Euro, den Deutschland ausgibt, in die Rente. Das ist Geld, das nicht in Schulen, Straßen, schnelles Internet oder den Klimaschutz investiert werden kann.

Das System, das einmal darauf basierte, dass die Einzahlenden die Empfangenden finanzieren, funktioniert also bereits heute nicht mehr. Ohne die massive staatliche Unterstützung würden die Renten deutlich niedriger ausfallen oder das System würde zusammenbrechen. In der Politik wird das Rentenproblem oft stiefmütterlich behandelt, denn man kann es sich politisch schlichtweg nicht leisten, darüber zu sprechen.

Um das Problem zu lösen, gäbe es lediglich zwei Möglichkeiten, die im Wahlkampf zu ernüchternden Resultaten führen würden:

- Die Renten drastisch senken oder
- die Menschen viel länger arbeiten lassen.

Jede dieser Lösungen wäre politischer Selbstmord. Stell dir vor, eine Politikerin würde sagen: »Liebe Bürger:innen, ab sofort arbeiten Sie bis

70 und bekommen ein Drittel weniger Rente.« Eine solche Botschaft würde sie ihr Amt schneller kosten, als man das Wort »Altersarmut« aussprechen kann. Politiker:innen neigen deshalb dazu, das Problem aufzuschieben und kurzfristige Scheinlösungen zu präsentieren. Unangenehme Fakten werden teilweise beschönigt oder verdrängt, da niemand die Rolle des Überbringers schlechter Nachrichten übernehmen möchte. Schließlich bedeutet es, einzugestehen, dass ein System, in das Millionen Menschen jahrzehntelang eingezahlt haben, in seiner bisherigen Form nicht mehr tragfähig ist. Die notwendigen Reformen wären unpopulär, schmerzhaft und mit erheblichen politischen Risiken verbunden. Daher werden sie vertagt.

Eines ist deshalb sicher: Auf die Politik kannst du dich nicht verlassen. Für dich bedeutet das, Eigenverantwortung zu übernehmen. Je früher du beginnst, desto besser kannst du die Weichen für deine finanzielle Sicherheit im Alter stellen. Wer wartet, muss später deutlich größere Anstrengungen unternehmen, um das Versäumte aufzuholen. Du kannst selbst vorsorgen und dir mit privater Altersvorsorge ein stabiles Fundament aufbauen, das nicht von politischen Entscheidungen abhängig ist.

Tatsächlich war das deutsche System zur Alterssicherung nie dafür gedacht, dass du allein von der gesetzlichen Rente lebst. Das System besteht aus drei Säulen, die alle gemeinsam deine Rente bilden sollten:

- **Säule 1: Die gesetzliche Rente:** Das ist das Umlageverfahren, von dem wir gerade gesprochen haben. Es soll eine Grundsicherung bieten.
- **Säule 2: Die betriebliche Altersvorsorge:** Dein Arbeitgeber soll dir dabei helfen, zusätzlich fürs Alter zu sparen. Das kann eine Betriebsrente sein oder Zuschüsse zu deiner privaten Vorsorge. Aktuell profitieren etwa 52 Prozent der Deutschen von dieser zusätzlichen Säule.[10]
- **Säule 3: Die private Altersvorsorge:** Diese Säule sollte die Lücke zwischen dem, was du brauchst, und dem, was die ersten beiden Säulen liefern, schließen. Hier bist du selbst gefragt, indem du sparst,

investierst, eine private Rentenversicherung abschließt oder andere Formen der Geldanlage nutzt.

Das zentrale Problem liegt darin, dass viele Menschen nach wie vor davon ausgehen, die gesetzliche Rente allein sei genug für ein finanziell entspanntes Leben im Alter. Doch dieses Modell ist schon seit den frühen 2000er-Jahren nicht mehr realistisch. Damals wurde das System grundlegend angepasst, weil die demografische Entwicklung eindeutig klarmachte, dass das ursprüngliche Versprechen nicht haltbar war. Die Politik reagierte, indem sie das Rentenniveau bewusst absenkte und ergänzend auf private Vorsorge verwies. Allerdings wurde dieser grundlegende Wandel aus unserer Sicht nicht ausreichend erklärt. Die Folge ist, dass viele Menschen heute überrascht und verunsichert sind, wenn sie ihren Rentenbescheid erhalten.

Merke dir:

- Das Umlagesystem kollabiert: 1962 zahlten sechs Arbeitnehmer:innen für eine:n Rentner:in, 2050 werden es nur noch 1,3 sein.
- Mit 55 Prozent Nettoersatzquote liegt Deutschland unter dem OECD-Durchschnitt.
- Die gesetzliche Rente war nie als Vollversorgung gedacht, sondern als Basis für ein dreiteiliges System. Säule 1 (gesetzlich), Säule 2 (betrieblich) und Säule 3 (privat) sollen zusammen die Versorgung im Ruhestand sicherstellen.
- Viele denken, Säule 1 allein müsse reichen, aber das System wurde bewusst umgestellt.
- Lediglich 52 Prozent der Arbeitnehmer:innen haben eine betriebliche Altersvorsorge und nutzen damit Säule 2, während Säule 3 oft komplett vernachlässigt wird.

Aktivität: Berechne deine Rentenlücke

Mit der folgenden kurzen Rechnung bekommst du einen Überblick darüber, wie groß deine persönliche Rentenlücke ist und warum es wichtig ist, rechtzeitig vorzusorgen.

1. Dein aktuelles Nettoeinkommen: _______ Euro

2. 85 Prozent davon (dein geschätzter Bedarf an Einkommen im Alter): _______ Euro

3. Deine realistische gesetzliche Rente: _______ Euro

(Option 1: Setze 1 400 Euro für Männer, 850 Euro für Frauen als Durchschnitt ein.
Option 2 (genauer): Trage den Betrag aus deinem letzten Rentenbescheid ein.)

Deine Rentenlücke pro Monat: _______ Euro
(Punkt 2 minus Punkt 3)

Deine Rentenlücke pro Jahr: _______ Euro *(Punkt 4 mal 12)*

Wenn dein Geld heimlich schrumpft

Lena steht im Supermarkt und starrt ungläubig auf ihren Kassenzettel. 89 Euro für einen ganz normalen Wocheneinkauf. Vor drei Jahren hatte sie für die gleichen Produkte noch rund 65 Euro bezahlt. Milch, Brot, Nudeln, Gemüse, eigentlich alles wie immer, nur deutlich teurer. Und es bleibt nicht beim Supermarkt. Auch ihr Lieblingscafé verlangt inzwischen 3,20 Euro für den Cappuccino, der früher 2,50 Euro kostete. An der

Tankstelle sieht sie Preise, bei denen sie nur noch den Kopf schütteln kann. Während die Preise Jahr für Jahr steigen, hat sich Lenas Gehalt nur minimal verändert. Die Auswirkungen spürt sie jeden Tag: Mit dem gleichen Geld kann sie sich immer weniger leisten. Dieses Phänomen hat einen Namen: Inflation. Sie wirkt schleichend, fast unsichtbar, und doch begleitet sie uns jeden Tag.

Unter Inflation oder auch Geldentwertung versteht man, dass die Preise im Laufe der Zeit steigen. Ein Produkt, das heute 100 Euro kostet, wird in 10 Jahren mit hoher Wahrscheinlichkeit teurer sein. Die Europäische Zentralbank, auch EZB genannt, gewissermaßen die oberste Institution für Geldpolitik im Euroraum, verfolgt das Ziel, die jährliche Teuerung bei rund 2 Prozent zu halten. Auf den ersten Blick erscheint dieser Wert gering, doch die langfristigen Auswirkungen sind beträchtlich.

Stell dir vor, du verfügst heute über 10 000 Euro und legst dieses Geld einfach unverzinst auf deinem Girokonto ab. Bei einer jährlichen Teuerungsrate von 2 Prozent kannst du dir in 30 Jahren davon nur noch Produkte für rund 5 500 Euro kaufen. Lass uns das einmal konkret anschauen. Bei einer jährlichen Inflation von 2 Prozent sinkt die Kaufkraft deiner 10 000 Euro Schritt für Schritt.

- Nach 10 Jahren: circa 8 200 Euro Kaufkraft,
- Nach 20 Jahren: circa 6 700 Euro Kaufkraft,
- Nach 30 Jahren: circa 5 500 Euro Kaufkraft.

Du hast also in 30 Jahren 4 479 Euro an Kaufkraft verloren, ohne dass du auch nur einen Cent ausgegeben hast! Preissteigerungen entstehen durch verschiedene Faktoren:

- Mehr Menschen wollen die gleichen Produkte (höhere Nachfrage),
- Rohstoffe werden teurer,
- Unternehmen zahlen höhere Löhne und geben diese Kosten weiter, indem sie ihre Preise erhöhen.

Die gute Nachricht ist, dass du der Geldentwertung nicht machtlos gegenüberstehst. Anstatt dein Geld ungenutzt auf deinem Konto liegen zu lassen, kannst du es investieren und damit erreichen, dass es noch schneller wächst, als die Preise steigen. Ein Blick in die Vergangenheit zeigt, was möglich ist. Wer in den letzten 15 Jahren breit gestreut in Unternehmen weltweit investiert hat, konnte im Durchschnitt etwa 8 Prozent Rendite pro Jahr erzielen.[11] Das ist ein Vielfaches der üblichen Inflationsrate von rund 2 Prozent.[12] Mit dieser Rendite hättest du nicht nur die Geldentwertung ausgeglichen, sondern dein Vermögen sogar erheblich vermehrt. Aus 10 000 Euro wären in 15 Jahren fast 25 000 Euro geworden, und das trotz Inflation.

Statt dein Geld von der Inflation auffressen zu lassen, kannst du es für dich arbeiten lassen. Durch kluges Investieren machst du aus einem Problem eine Chance. Du schlägst nicht nur die Geldentwertung, sondern baust echtes Vermögen auf.

Merke dir:

- Geldentwertung, auch Inflation genannt, bedeutet, dass die Preise steigen und dein Geld dadurch an Kaufkraft verliert.
- 2 Prozent Inflation pro Jahr wirken unscheinbar, doch nach 30 Jahren entspricht das fast einer Halbierung deiner Kaufkraft.
- Dein Kontostand bleibt zwar gleich, doch du kannst dir damit immer weniger leisten.

Aktivität: Berechne die Auswirkung der Inflation auf deine Ersparnisse

Berechne nun, wie viel dein gespartes Geld in der Zukunft wert ist:

Wie viel Geld hast du derzeit gespart? __________________ Euro

Berechne nun, wie viel Kaufkraft du bis zu deiner geplanten Anschaffung verlierst? Befülle dafür die unten stehende Tabelle, die von 2 Prozent Inflation jährlich ausgeht.

Jahre	Formel	Deine Rechnung
In 5 Jahren	Gespartes Geld × 0,90	
In 10 Jahren	Gespartes Geld × 0,82	
In 20 Jahren	Gespartes Geld × 0,67	
In 30 Jahren	Gespartes Geld × 0,55	

Das Problem mit den Zinsen

Sarah sitzt am Küchentisch und starrt auf ihren Kontoauszug. 23 000 Euro auf dem Tagesgeldkonto, 15 000 Euro auf dem Festgeldkonto. »Wenigstens bekomme ich wieder Zinsen«, denkt sie zufrieden. Nach einigen Jahren mit praktisch 0 Prozent Zinsen fühlt es sich gut an, endlich wieder etwas zu bekommen. Stolz erzählt sie ihrer Freundin Lisa beim Kaffee davon: »Ich spare richtig gut. Mein Geld arbeitet für mich.« Lisa schaut sie skeptisch an. »Sarah, denkst du, dass diese Zinsen wirklich ausreichen?« Sarah ist verwirrt. »Natürlich! Ich mache doch etwas mit meinem Geld. Zinsen sind besser als nichts.« Doch Lisa hat nicht ganz unrecht. Sarahs vermeintlich sichere Strategie hat drei entscheidende Schwächen, die ihr Vermögen langfristig schrumpfen lassen:

Vielleicht erinnerst du dich an Lenas Erlebnis im Supermarkt. Genau das passiert auch bei Sarah, ohne dass sie es merkt. Ihre Zinsen sehen auf dem Papier gut aus, aber gleichzeitig steigt alles um sie herum im Preis. Tagesgeld und Festgeld bringen oft nur 0,5 bis 1 Prozent Zinsen im Jahr. Das hört sich nach einem kleinen Plus an, aber die Inflation liegt typischerweise bei rund 2 Prozent. Am Ende des Jahres kann Sarah sich trotz Zinsen weniger leisten als zuvor. Ihr Geld verliert ganz langsam an Kaufkraft. Ihre Gewinne sind also in Wirklichkeit Verluste. Sobald sie die Inflation abzieht, bleibt ihr »realer Ertrag« negativ. Das Ersparte wird nach und nach weniger wert.

Während du mit Festgeld real an Kaufkraft verlierst, verzichtest du gleichzeitig auf Chancen, die dir andere Anlageformen bieten könnten. Historische Daten zeigen, dass ein gut gemischtes Aktienportfolio – also eine Anlage, die nicht nur in ein einzelnes Unternehmen, sondern in viele verschiedene Firmen und Branchen auf der ganzen Welt investiert – langfristig Renditen von rund 7 bis 8 Prozent pro Jahr erzielt.[13] Damit liegt es um ein Vielfaches über typischen Festgeldzinsen.

Je länger du auf reine Zinsanlagen setzt, desto mehr Vermögen verschenkst du. In der folgenden Tabelle zeigt ein einfaches Beispiel mit 10 000 Euro Startkapital die großen Unterschiede.

Anlage-dauer	Festgeld (1 Prozent p. a.)	Breit gestreute Aktien (8 Prozent p. a.)	Verpasste Rendite
10 Jahre	11 050 Euro	21 600 Euro	10 550 Euro
30 Jahre	13 500 Euro	100 600 Euro	87 100 Euro

Wer ausschließlich auf festverzinsliche Anlagen setzt, verschenkt über die Jahrzehnte ein Vermögen. Festgeld ist aber nicht völlig sinnlos. Als Notreserve von 3 bis 6 Monatsausgaben sollte Geld schnell verfügbar sein. Doch für einen langfristigen Vermögensaufbau reicht die Festgeldanlage nicht.

Sarah verstand, dass ihre 38 000 Euro praktisch stillstanden, während die Inflation heimlich an ihrer Kaufkraft nagte. Es war Zeit für einen neuen Plan.

Merke dir:

- Zinsen decken oft nicht die Inflation ab. Dein Erspartes verliert real an Kaufkraft, obwohl nominal mehr auf dem Konto steht.
- Die Zeit arbeitet bei reinen Zinsanlagen gegen dich. Je länger du wartest, desto mehr Vermögen verschenkst du.
- Festgeld hat seinen Platz als Notreserve, aber es ist nicht ideal als Baustein für einen langfristigen Vermögensaufbau.

Aktivität: Berechne deine verpasste Rendite

Entdecke, wie viel Vermögen du aufbauen kannst, wenn du dein Geld clever investierst, und wie du damit deine finanzielle Zukunft aktiv gestalten und verbessern kannst.

Schritt 1: Deine aktuelle Situation

Trage ein, wie viel Geld du aktuell auf Spar-, Tages- oder Festgeldkonten hast. ______ Euro

Welchen Zinssatz bekommst du durchschnittlich? _____ Prozent (Wähle 1 Prozent, falls du es nicht genau weißt.)

Schritt 2: Berechne verschiedene Szenarien

Berechne mit einem Zinseszinsrechner, wie stark dein Geld in 20 Jahren wachsen kann. Scanne den QR-Code, um zu einem Zinseszinsrechner zu kommen. Trage bei »jährliche Zinsen« deine erwarteten Zinsen ein. Diese findest du in den unten stehenden Szenarien.

Szenario A: Nur Zinsen (berechnet mit deinem aktuellen Zinssatz) nach 20 Jahren: ____________ Euro

Szenario B: Breit gestreute Aktienanlagen (8 Prozent jährlich) nach 20 Jahren: ____________ Euro

Deine verpasste Rendite: Szenario B minus Szenario A = ____________ Euro

Schritt 3: Mache es greifbar

Überlege dir, was du für diese verpasste Rendite kaufen könntest. Ein neues Auto? Eine Weltreise? Ein Jahr früher in Rente? Eine größere Wohnung?

Schreibe auf: Mit der verpassten Rendite könnte ich mir ________ leisten.

Die Macht des Zinseszinseffekts

Vielleicht ist dir bei der Berechnung gerade aufgefallen, wie erstaunlich viel aus einer regelmäßigen Geldanlage langfristig werden kann. Auf lange Sicht kommt oft viel mehr zusammen, als du selbst eingezahlt hast, weil Zinsen und Renditen dein Geld zusätzlich vermehren.

Wenn du Geld anlegst, erhältst du dafür Rendite. Das können Zinsen, Dividenden oder Kursgewinne sein. Du verdienst also Geld, ohne dass du proaktiv weitere Beträge einzahlen musst. Nun kommt ein entscheidender Mechanismus zum Tragen. Wenn du die erzielten Gewinne nicht direkt auszahlst, sondern weiter investierst, beginnt auch dieses neu hinzugewonnene Kapital für dich zu arbeiten und weitere Rendite zu generieren. Und genau das ist der entscheidende Effekt: Nicht nur dein ursprüngliches Geld arbeitet für dich, sondern auch die Gewinne. Diese erwirtschaften wiederum neue Gewinne. Genau das nennt man Zinseszinseffekt.

Am besten stellst du dir das wie einen Schneeball vor, der einen Berg hinunterrollt. Mit jeder Umdrehung nimmt er mehr Schnee auf und wird größer. Genauso wächst dein Geld, wenn du Gewinne immer wieder reinvestierst. Es handelt sich dabei um den wirkungsvollsten Mechanismus beim Vermögensaufbau und das fundamentalste Konzept, das man unbedingt verstehen sollte. Denn dieses Verständnis macht den entscheidenden Unterschied zwischen Menschen, die es schaffen, sich ein beträchtliches Vermögen aufzubauen, und allen anderen.

Ein kurzes Beispiel verdeutlicht die Funktionsweise. Du investierst 100 Euro und erzielst 5 Prozent Rendite pro Jahr:

Jahr	Kapital zu Jahresbeginn	Rendite (5 Prozent)	Kapital am Jahresende
1	100,00 Euro	5,00 Euro	105,00 Euro
2	105,00 Euro	5,25 Euro	110,25 Euro
3	110,25 Euro	5,51 Euro	115,76 Euro

Der entscheidende Punkt ist folgender. Im ersten Jahr erzielst du mit deiner Anlage einen Gewinn von 5 Euro. Statt dir diesen Betrag auszahlen zu lassen, bleibt er investiert. Im zweiten Jahr arbeiten also nicht nur deine ursprünglichen 100 Euro für dich, sondern 105 Euro. Auch die zusätzlichen 5 Euro erwirtschaften Gewinn und bringen dir weitere 25 Cent ein.

Genau das bezeichnet man als Zinseszinseffekt. Deine Gewinne erwirtschaften ihrerseits neue Gewinne. Mit jedem weiteren Jahr wächst der Betrag, der für dich arbeitet, und damit verstärkt sich der Effekt immer mehr.

Die verblüffende Wirkung der Zeit

Der Zinseszinseffekt ist ein sehr wirkungsvoller Mechanismus, auch wenn wir seine Dynamik oft schwer intuitiv begreifen können. Deshalb neigen viele Menschen dazu, seine Bedeutung zu unterschätzen. Erst über lange Zeiträume zeigt sich seine wahre Stärke. Jeder zusätzliche Tag, den du investiert bist, lässt dein Vermögen schneller wachsen. Deshalb lohnt es sich, so früh wie möglich zu beginnen. Denn Zeit ist beim Investieren dein größter Verbündeter.

Um das zu verdeutlichen, betrachten wir ein Beispiel mit zwei Schwestern. Lisa beginnt zehn Jahre später mit dem Investieren als ihre Schwester. Grundlage der Berechnung ist wieder ein Zinssatz von 8 Prozent.

	Anna	Lisa
Startalter	25 Jahre	35 Jahre
Endalter	65 Jahre	65 Jahre
Anlagedauer	40 Jahre	30 Jahre
Monatliche Einzahlung	200 Euro	200 Euro
Gesamte Einzahlungen	96 000 Euro	72 000 Euro
Endvermögen (ca.)	**649 000 Euro**	**284 000 Euro**

Das Ergebnis ist verblüffend. Annas 10 Jahre Vorsprung resultieren durch den Zinseszinseffekt in über 350 000 Euro Mehrgewinn, obwohl sie lediglich 24 000 Euro mehr eingezahlt hat.

Das Besondere am Zinseszinseffekt ist, dass seine Wirkung mit der Zeit zunimmt. In den ersten Jahren fällt der Unterschied noch gering aus, doch nach 15, 20 oder 30 Jahren wird der Effekt deutlich sichtbar. Der Grund dafür ist einfach: Ab einem bestimmten Zeitpunkt stammen deine zusätzlichen Gewinne nicht mehr überwiegend aus deinen eigenen Einzahlungen, sondern aus den Erträgen, die sich über die Jahre angesammelt haben. Dein Geld beginnt also, immer stärker selbst für dich zu arbeiten.

Merke dir:

- Der Zinseszinseffekt bedeutet, dass du Gewinne auf deine Gewinne generierst.
- Zeit ist dabei der wichtigste Faktor: Je früher du anfängst, desto stärker ist die Wirkung.
- Auch kleine Beträge können über Jahrzehnte zu beachtlichen Summen werden.
- Geduld ist entscheidend, die ersten Jahre zeigen noch wenig Wirkung.

Aktivität: Deine persönliche Zinseszins-Rechnung

Erlebe den Zinseszinseffekt mit deinen eigenen Zahlen und verstehe, welchen Unterschied ein früher Start macht.

Schritt 1: Deine Ausgangssituation

Fülle folgende Felder aus:

Mein Alter: _____ Jahre
Mein geplanter Zeitpunkt für den Renteneintritt: mit _____ Jahren
Betrag, den ich sofort investieren könnte: _____ Euro
Betrag, den ich monatlich zur Seite legen könnte: _____ Euro

Schritt 2: Berechne zwei Szenarien

Scanne den QR-Code, um zu einem Zinseszinsrechner zu kommen. Nutze die Angaben von oben, um die folgenden Berechnungen durchzuführen.

Rechne mit 8 Prozent jährlicher Rendite:

Szenario A: Ich starte heute

Gib bei der Anlagedauer die Anzahl der Jahre bis zu deinem gewünschten Renteneintritt an:

- Endbetrag nach _____ Jahren: ___________ Euro
- Davon selbst eingezahlt: ___________ Euro
- Gewinn durch Zinseszinseffekt: ___________ Euro

Szenario B: Ich warte noch 10 Jahre

Gib bei der Anlagedauer 10 Jahre weniger als die tatsächliche Anzahl der Jahre bis zu deinem gewünschten Renteneintritt an:

- Endbetrag nach _____ Jahren: ___________ Euro
- Davon selbst eingezahlt: ___________ Euro
- Gewinn durch Zinseszinseffekt: ___________ Euro

Unterschied zwischen Szenario A und B: ___________ Euro

Dein Investment-Persönlichkeitstest

Barrieren beim Investieren

Emil ist 35 Jahre alt und arbeitet als Ingenieur. Vor zehn Jahren hatte er 10 000 Euro auf seinem Sparkonto. Seine Freundin Mia erzählte ihm damals begeistert von einem neuen Anlageprogramm, das breit gestreut in Unternehmen aus aller Welt investiert. »Das ist viel zu riskant«, meinte Emil dazu. »Was ist, wenn ich alles verliere?« Also ließ er das Geld auf dem Sparkonto mit 0,1 Prozent Zinsen liegen.

Heute, zehn Jahre später, schaut Emil auf sein Sparkonto: 10 100 Euro. Seine Freundin Mia hat aus ihren 10 000 Euro etwa 21 000 Euro gemacht und den Betrag somit verdoppelt. Emils Reaktion: »Hätte ich das nur gewusst!«

Warum wir uns selbst im Weg stehen

Was Emil erlebt hat, passiert täglich Millionen von Menschen. Das Problem ist nicht, dass sie zu wenig über Geld wissen. Das Problem liegt tiefer: in unseren Denkmustern, Ängsten und Gewohnheiten. Psychologen nennen das »kognitive Verzerrungen« oder einfacher gesagt: Denkfehler, die uns davon abhalten, gute Entscheidungen zu treffen.

Eine Studie des Deutschen Aktieninstituts aus 2024 zeigt: Nur 17 Prozent der Deutschen investieren in Aktien oder ähnliche Anlagen. Zum Vergleich: In den USA sind es 62 Prozent.[14] Warum dieser große Unterschied? Es liegt meist nicht am fehlenden Geld – Deutsche sparen sogar überdurchschnittlich viel. Es liegt an der Einstellung.

Stell dir vor, du stehst vor einem Geschäft und siehst ein Schild: »Heute alles 20 Prozent reduziert!« Was passiert? Du gehst rein und kaufst etwas, auch wenn du eigentlich nichts gebraucht hättest. Aber wenn die Aktienmärkte um 20 Prozent fallen und auch dort alles »günstiger« wird, passiert das Gegenteil. Menschen verkaufen panisch oder trauen sich erst recht nicht zu investieren. Dieses Verhalten ist völlig normal und menschlich. Es zeigt nur: Unser Gehirn ist nicht für die moderne Finanzwelt gemacht. Es ist darauf programmiert, in gefährlichen Situationen schnell zu reagieren und nicht rational zu denken.

Der erste Schritt: Erkenne dich selbst

Bevor du auch nur einen einzigen Euro investierst, ist es wichtig zu verstehen, welche mentalen Hürden bei dir wirken. Denn nur wer seine eigenen Denkfallen kennt, kann sie überwinden. Der folgende Test hilft dir dabei, deine persönlichen Stolpersteine zu identifizieren. Das Ziel ist nicht, dich zu kritisieren, sondern dir zu zeigen, wo du ansetzen kannst.

Am Ende des Tests wirst du wissen:

- Welche mentalen Barrieren bei dir besonders stark sind.
- Wie du sie Schritt für Schritt überwinden kannst.
- Welche konkreten ersten Schritte für dich sinnvoll sind.

Denk daran: Selbst die erfolgreichsten Investor:innen der Welt haben mit diesen Denkfehlern gekämpft. Benjamin Graham, der als Vater des langfristigen Investierens gilt, erkannte bereits, dass das Hauptproblem des Anlegers und sogar sein schlimmster Feind wahrscheinlich er selbst ist.[15] Genau wie Graham können auch wir lernen, unsere Schwächen zu erkennen und zu überwinden.

Bist du bereit, ehrlich zu dir selbst zu sein? Dann lass uns herausfinden, was dich wirklich vom Investieren abhält und wie du diese Hürden überwinden kannst.

Investment-Persönlichkeitstest

Beantworte die folgenden acht Fragen spontan und ehrlich. Suche immer nur die für dich passende Antwort aus. Es gibt keine richtigen oder falschen Antworten. Notiere dir die Buchstaben deiner Antworten und zähle am Ende zusammen, wie oft du welchen Buchstaben gewählt hast.

1. Was denkst du als Erstes, wenn du »Geld anlegen« hörst?

A) Das ist viel zu kompliziert für mich.
B) Ich muss das alles perfekt verstehen, bevor ich anfange.
C) Darum soll sich jemand anderes kümmern.
D) Da blicke ich nie durch.
E) Dafür habe ich keine Zeit.
F) Ich habe schon mal schlechte Erfahrungen gemacht.
G) Dafür bin ich zu alt/jung.
H) Das brauche ich nicht, ich habe genug Geld.
I) Das ist nichts für Leute wie mich.
J) Banken wollen mich nur abzocken.
K) Ich will schnell reich werden.

2. Fühlst du dich finanziell gebildet?

A) Ich weiß so gut wie gar nichts über Finanzen, und das macht mir Angst.
B) Ich habe schon einiges gehört, aber traue mich nicht, ohne ein komplettes Verständnis zu starten.
C) Ich denke, andere sind von Natur aus besser in Finanzthemen als ich.
D) Für mich wirkt das alles wie ein undurchschaubarer Dschungel voller Fachbegriffe.
E) Ich habe im Alltag keine Zeit, mich damit ausführlich zu beschäftigen.
F) Ich habe schon Fehler gemacht und bin deshalb vorsichtiger geworden.

G) Ich bin schon älter und glaube, es lohnt sich nicht mehr, jetzt noch zu lernen.
H) Ich denke, man braucht gar nicht viel Wissen, um Geld anzulegen.
I) Das Thema ist mir schlicht zu kompliziert, ich schalte da innerlich ab.
J) Ich weiß nicht, welchen Informationen oder Quellen ich vertrauen kann.
K) Ich möchte nur die absolut wichtigsten Grundlagen lernen und den Rest ignorieren.

3. Wie triffst du normalerweise wichtige Entscheidungen?

A) Ich vermeide sie so lange wie möglich.
B) Ich durchdenke alles bis ins kleinste Detail.
C) Ich frage erst mal andere um Rat.
D) Ich recherchiere tagelang im Internet.
E) Ich nehme mir extrem viel Zeit bei wichtigen Entscheidungen.
F) Ich denke an meine schlechten Erfahrungen.
G) Ich fühle mich oft so, als wäre ich persönlich das Problem, weil ich zu wenig Wissen habe, zu alt, zu risikoavers bin.
H) Ich komme meistens auch einfach so durch.
I) Ich denke, andere können es besser entscheiden als ich.
J) Ich bin grundsätzlich skeptisch.
K) Ich will sofort das beste Ergebnis.

4. Wenn Freunde über Geld sprechen, dann …

A) werde ich nervös und wechsle das Thema.
B) höre ich zu, sage aber nichts, aus Angst, etwas Falsches zu sagen.
C) denke ich, sie sollen zum Experten gehen.
D) fühle ich mich schnell überfordert.
E) denke ich, dass ich ewig brauchen würde, um das alles zu verstehen.
F) denke ich an meine schlechten Erfahrungen.
G) denke ich, für mich ist es eh zu spät.

H) interessiert mich das nicht besonders.
I) denke ich, die haben andere Voraussetzungen als ich.
J) bin ich skeptisch, ob das alles stimmt.
K) will ich auch solche Gewinne machen.

5. Stell dir vor, du hättest 1 000 Euro investiert und nach einem Monat sind es nur noch 900 Euro. Wie geht es dir damit?

A) Ich werde nicht mehr schlafen können.
B) Ich hätte mich länger damit auseinandersetzen müssen.
C) Mein:e Bankberater:in soll das regeln.
D) Ich wusste, dass ich es nicht richtig machen kann.
E) Jetzt muss ich mich intensiv damit beschäftigen, aber habe doch eigentlich keine Zeit.
F) Der Finanzmarkt ist einfach wie ein Casino.
G) Hätte ich mal früher angefangen.
H) Na und? Sind nur 100 Euro.
I) Reiche Leute können sich solche Verluste leisten, ich nicht.
J) Die Bank hat mich reingelegt.
K) Das ist normal, bald steigt es wieder stark.

6. Was denkst du über Risiko?

A) Risiko bedeutet Verlust.
B) Risiko muss man perfekt berechnen können.
C) Bei risikoreichen Themen verlasse ich mich auf andere.
D) Mir fällt es schwer, Risiko einzuschätzen.
E) Über Risiko denke ich nicht nach.
F) Ich habe schlechte Erfahrungen mit riskanten Anlagen gemacht.
G) In meinem Alter ist Risiko nichts mehr für mich.
H) Weiß ich nicht.
I) Risiko können sich nur Reiche leisten.
J) Risiko ist meist ein Betrug.
K) Ohne Risiko kein Gewinn.

7. **Wie gehst du mit Finanzberater:innen um?**

A) Ich traue mich nicht, Fragen zu stellen.
B) Ich will alles genau erklärt bekommen.
C) Ich verlasse mich auf ihre Expertise.
D) Ich verstehe meist nur die Hälfte.
E) Ich will schnelle Lösungen.
F) Ich bin skeptisch wegen früherer Erfahrungen.
G) Ich denke, es ist eh zu spät für eine:n Finanzberater:in.
H) Ich brauche keinen Berater, es klappt auch so.
I) Ich denke, die verstehen meine Situation nicht.
J) Ich bin grundsätzlich misstrauisch.
K) Ich will die besten Tipps zur höchsten Rendite.

8. **Was ist dein größter Wunsch in Sachen Geld?**

A) Dass ich nie Geld verliere.
B) Dass ich immer die richtigen Entscheidungen treffe.
C) Dass sich jemand kompetent darum kümmert.
D) Dass es endlich einfach wird.
E) Dass es ohne Aufwand funktioniert.
F) Dass ich endlich mal Glück habe.
G) Dass ich die verlorene Zeit aufholen kann.
H) Dass ich mir keine Sorgen machen muss.
I) Dass ich genauso erfolgreich bin wie andere.
J) Dass das System fair ist.
K) Dass ich schnell viel Geld verdiene.

Welcher Buchstabe kam bei dir am häufigsten vor? Suche nun nach dem Persönlichkeitstyp mit diesem Buchstaben und finde Lösungen zu deinen potenziellen Barrieren beim Investieren.

Typ A: Die Sicherheitsliebenden

Wer du bist: Du bist sehr vorsichtig mit deinem Geld. Die Vorstellung, Geld zu verlieren, bereitet dir Unbehagen. Wenn du »Investment« hörst, denkst du zuerst an die Risiken und fragst dich, was schiefgehen könnte. Dein Geld liegt vermutlich sicher auf dem Spar- oder Tagesgeldkonto, weil du weißt, dass es dort geschützt ist.

Warum diese Denkweise entstanden ist: Verlustangst ist ein uralter Überlebensmechanismus. Unsere Vorfahren, die vorsichtiger waren, haben länger gelebt. Dieses »Safety First«-Prinzip ist daher tief in unserem Gehirn verankert. Studien zeigen, dass wir Verluste etwa doppelt so stark empfinden wie gleich große Gewinne. Das heißt, dass sich der Schmerz von 100 Euro Verlust so anfühlt wie der Gewinn von 200 Euro, nur umgekehrt.

Warum diese Einstellung dich zurückhält: Wer zu viel Angst vor Verlusten hat, macht garantiert Verluste. Durch die Inflation verliert dein Geld auf dem Sparbuch jedes Jahr an Kaufkraft. Bei 2 Prozent Inflation und 0,5 Prozent Zinsen verlierst du real etwa 1,5 Prozent pro Jahr. Aus 10 000 Euro werden so in 10 Jahren nur noch etwa 8 600 Euro Kaufkraft. Du versuchst, Verluste zu vermeiden, und machst sie dadurch auf jeden Fall.

Die befreiende Wahrheit: Der Finanzmarkt wirkt auf viele Menschen zunächst einschüchternd. Ein Blick auf die folgende Grafik zeigt jedoch ein wiederkehrendes Muster. Kurzfristig kommt es immer wieder zu Rückschlägen. Kurse fallen, erholen sich und steigen anschließend erneut. Diese Bewegungen sind normal und begleiten die Märkte seit jeher.

Beim genaueren Blick auf die Kurve fällt etwas Wichtiges auf: Es geht zwar immer wieder rauf und runter, manchmal sogar ziemlich heftig. Aber über die Jahre zeigt die Linie eine klare Richtung, und zwar nach oben. Selbst wenn es zwischendurch Rückschläge gab, erholte sich die Kurve wieder und stand danach meist höher als zuvor. Mit Geduld werden die Tiefs von heute zu den Ausgangspunkten für neue Anstiege. Dieses Muster verdeutlicht, dass es nicht darum geht, den perfekten Einstiegszeitpunkt zu treffen. Wichtig ist vielmehr, investiert zu bleiben und die nötige Geduld aufzubringen. Wer langfristig investiert, profitiert von diesem stetigen Aufwärtstrend und muss sich nicht von kurzfristigen Schwankungen verunsichern lassen.

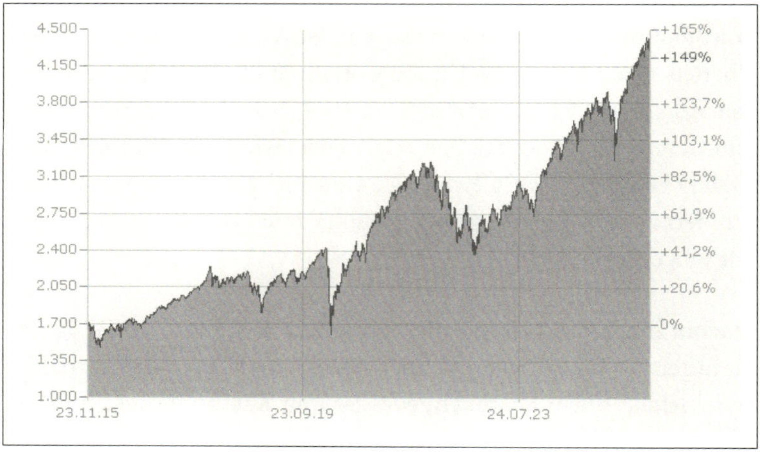

Kursentwicklung des MSCI World Index

Dein Weg nach vorn: Starte mit Mini-Beträgen. Investiere nur so viel, dass ein Verlust dich nicht nachts wach halten würde. Für die meisten sind das 25 bis 50 Euro pro Monat. Sieh es nicht als Geldanlage, sondern als Experiment. Du kaufst dir Erfahrung und Wissen. Mit der Zeit gewinnst du Selbstvertrauen und kannst die monatlichen Beträge Schritt für Schritt erhöhen.

Erfolgsstory: Maria, 42, Lehrerin, hatte panische Angst vor Verlusten. Sie startete mit 25 Euro pro Monat in einen weltweit gestreuten Fonds. Im ersten Jahr schwankte ihr Investment zwischen -15 Prozent und +12 Prozent. Nach zwei Jahren war sie 8 Prozent im Plus und ihre Angst verschwunden. Heute investiert sie 300 Euro monatlich und sagt: »Ich ärgere mich nur, dass ich nicht früher angefangen habe.«

Typ B: Die Perfektionistischen

Wer du bist: Du willst alles richtig machen. Bevor du investierst, möchtest du jeden Aspekt verstehen, jede Kennzahl analysieren, jeden möglichen Ausgang durchdenken. Du liest Bücher, schaust YouTube-Videos, studierst Grafiken, aber irgendwie bist du nie »bereit genug«, um anzufangen. Es gibt immer noch eine Frage, noch eine Unsicherheit, noch eine Theorie zu verstehen.

Warum diese Denkweise entstanden ist: Perfektionismus entsteht oft aus dem Wunsch heraus, die Kontrolle zu haben und Fehler zu vermeiden. In vielen Lebensbereichen ist das eine Stärke. Wer perfekte Arbeit abliefert, wird befördert. Wer gründlich plant, vermeidet Probleme. Dieses Denkmuster überträgst du auf das Investieren, mit fatalen Folgen.

Warum diese Einstellung dich zurückhält: Während du perfekte Pläne schmiedest, läuft dir die Zeit davon. Die beste Anlagestrategie, die nie umgesetzt wird, ist schlechter als eine mittelmäßige Strategie, die sofort startet. Denn Investieren ist vermutlich einer der wenigen Bereiche, in denen sehr intensiver Austausch mit der Materie auch zu negativen Folgen führen kann. Je mehr man sich damit beschäftigt, desto mehr möchte man komplexe Profi-Strategien anwenden. Genau diese führen oft dazu, dass man am Ende mehr verliert, als gewinnt. Selbst Investment-Manager:innen, die sich täglich beruflich mit dem Investieren beschäftigen, generieren manchmal schlechtere Resultate als Menschen, die mit einer einfachen Strategie investieren.

Die befreiende Wahrheit: Es gibt keine perfekte Investitionsstrategie. Viele Menschen denken, sie könnten ewig recherchieren und irgendwann würde die eine, perfekte Lösung vor ihnen liegen. Das ist ein Trugschluss.

Dein Weg nach vorn: Setze dir ein Ultimatum: In 30 Tagen startest du, egal wie viel du bis dahin gelernt hast. Beginne mit einem einzigen Investment. Das ist nicht perfekt, aber du kannst später optimieren. Perfektion entsteht durch Erfahrung, nicht durch Theorie.

Erfolgsstory: Thomas, 35, Ingenieur, forschte drei Jahre lang nach der »optimalen« Anlagestrategie. Währenddessen stieg der Markt um 40 Prozent. Heute sagt er: »Hätte ich einfach sofort angefangen und später optimiert, hätte ich 15 000 Euro mehr.«

Typ C: Die Delegierenden

Wer du bist: Du denkst, dass es dafür Experten gibt, Finanzberatung, Bankberater:innen, Versicherungsvertreter:innen. Irgendjemand wird schon wissen, was richtig ist. Du gibst gerne die Verantwortung ab und verlässt dich auf andere. Du selbst musst dich dann nicht mit dem komplexen Thema beschäftigen.

Warum diese Denkweise entstanden ist: Arbeitsteilung ist ein Grundprinzip unserer Gesellschaft. Wir lassen andere unser Auto reparieren, unsere Zähne behandeln, unser Haus bauen. Warum sollten wir uns selbst um Geld kümmern? Diese Logik ist nachvollziehbar, aber bei Geld besonders gefährlich.

Warum diese Einstellung dich zurückhält: Die meisten Finanzfachleute verdienen nicht an deinem Erfolg, sondern an den Provisionen der Produkte, die sie dir verkaufen. Aktiv gemanagte Fonds, welche oft von Berater:innen empfohlen werden, kosten durchschnittlich meist 1,5 Prozent bis 2,5 Prozent Gebühren pro Jahr und schneiden oft trotzdem schlechter ab als einfache, günstige Indexfonds.[16]

Die befreiende Wahrheit: Gute Anlagestrategien sind so einfach, dass du sie innerhalb von einer Stunde verstehen kannst. Erfolgreiches Investieren braucht keine komplexen Finanzprodukte, keine stundenlangen Analysen, keine teure Beratung. Die Grundprinzipien sind simpel und seit Jahrzehnten bewährt. Es ist wie Fahrradfahren: Einmal verstanden, ist es eigentlich ganz logisch. Du denkst dir vielleicht: »Ach, diese 2 Prozent Unterschied bei den Kosten, das macht mir nichts aus. Da habe ich lieber einen Berater, als dass ich mich selbst damit auseinandersetze.« Doch in Wahrheit entgehen dir dadurch über die Jahre Hunderttausende Euro.

Was 2 Prozent Kostenunterschied wirklich bedeuten: Stell dir vor, du investierst 10 000 Euro über 30 Jahre. Beide Strategien erzielen 8 Prozent Rendite. Lediglich bei den Kosten gibt es einen Unterschied. Das Produkt, das du von einem Berater oder einer Beraterin kaufst, kostet jährlich 2,5 Prozent deiner Anlagesumme. Jenes, welches du dir selbst ausgesucht hättest, kostet 0,4 Prozent.

	A) Rendite	B) Gebühren für das Produkt	Rendite nach Kosten (A-B)	Gesamtvermögen nach 30 Jahren
Mit Berater:in	8 Prozent	2,5 Prozent	5,5 Prozent	49 839 Euro
Ohne Berater:in	8 Prozent	0,4 Prozent	7,6 Prozent	90 026 Euro

Der Unterschied: Über 40.000 Euro! Das sind nicht »nur 2 Prozent«, sondern fast doppelt so viel Geld für die gleiche Leistung. Diese scheinbar kleinen Prozente fressen über die Jahrzehnte einen riesigen Teil deiner Rendite auf.

Dein Weg nach vorn: Nimm die Verantwortung für deine finanzielle Zukunft selbst in die Hand. Das bedeutet nicht, dass du Finanzexpert:in werden musst. Es bedeutet nur, dass du die Grundlagen verstehst und einfache, bewährte Strategien umsetzt.

Erfolgsstory: Sandra, 38, Krankenschwester, vertraute jahrelang ihrem Bankberater. Ihre Rendite nach Abzug der Kosten: 1,8 Prozent pro Jahr. Als sie sich selbst informierte und zu einfachen ETFs wechselte, erhöhte sich ihre Rendite auf 6,4 Prozent pro Jahr. Der Zeitaufwand betrug zwei Stunden pro Jahr.

Typ D: Die Überwältigten

Wer du bist: ETF, DAX, Dividende, KGV, Volatilität, du verstehst nur Bahnhof. Jeder Artikel über Geldanlage ist voller Begriffe, die du nicht kennst. Jede Erklärung führt zu zehn neuen Fragen. Du fühlst dich wie in einem Labyrinth ohne Ausgang. Das Thema ist einfach zu komplex, zu technisch, zu verwirrend.

Warum diese Denkweise entstanden ist: Die Finanzbranche verwendet absichtlich eine komplizierte Sprache. Fachchinesisch erweckt den Eindruck von Expertise und Exklusivität. Dabei sind die Grundprinzipien des Investierens so einfach, dass sie ein Zehnjähriger verstehen kann. Aber niemand erklärt sie so.

Warum diese Einstellung dich zurückhält: Du lässt dich von künstlicher Komplexität abschrecken. Überforderung ist oft nur ein Gefühl, keine Realität. Du verstehst vermutlich viel komplexere Dinge in deinem Beruf, bei Technik oder Hobbys.

Die befreiende Wahrheit: Erfolgreiches Investieren braucht nur ein paar Grundregeln: 1) Kaufe Anteile an vielen Unternehmen (das klappt mit wenigen Klicks), 2) Investiere regelmäßig über viele Jahre, 3) Lass die Finger von komplizierten Produkten, 4) Mache mit den Investments am besten gar nichts und warte.

Dein Weg nach vorn: Mach dir keine Sorgen um komplizierte Fachwörter, dieses Buch führt dich Schritt für Schritt durch alles Wichtige. Am Ende erstellst du einen Dauerauftrag, der automatisiert monatlich für dich investiert. Aus den Augen, aus dem Sinn! Einmal im Jahr checkst du deine Investments.

Erfolgsstory: Michael, 44, Handwerker, dachte jahrelang, Investieren sei nur etwas für Akademiker:innen. Ein Freund erklärte ihm: »Du kaufst einfach Anteile an allen großen Firmen der Welt und das mit nur zwei Klicks.« Michael lernte die Basics und startete mit 50 Euro monatlich. Heute, nach drei Jahren, versteht er noch immer nicht alle Fachbegriffe, aber er weiß, dass er mit einer sinnvollen Strategie unterwegs ist und seine Investments um 19 Prozent gewachsen sind. »Man muss kein Raketenwissenschaftler sein«, sagt er heute.

Typ E: Die Vielbeschäftigten

Wer du bist: Job, Familie, Hobbys, Freunde, dein Kalender ist voll. Für Geldanlage bleibt keine Zeit. Du denkst, du müsstest täglich Kurse verfolgen, ständig kaufen und verkaufen, permanent analysieren. Investieren stellst du dir als Vollzeitjob vor, den du neben allem anderen nicht auch noch bewältigen kannst.

Warum diese Denkweise entstanden ist: Medien zeichnen oft das Bild vom nervösen Trader, der stundenlang auf blinkende Bildschirme starrt und ununterbrochen Entscheidungen trifft. So entsteht der Eindruck, Investieren sei anstrengend und zeitaufwendig. Dabei ist in Wirklichkeit genau das Gegenteil der Fall.

Warum diese Einstellung dich zurückhält: Du verwechselst Investieren mit Trading. Während Trader täglich handeln, investieren langfristige Anleger:innen oft nur einmal pro Monat und das automatisiert.

Die befreiende Wahrheit: Viele der erfolgreichsten Investor:innen sind faul. Wer sein Depot täglich prüft, trifft teilweise schlechtere Entscheidungen als jene, die es nur einmal im Jahr anschauen. Der Grund dafür sind emotionale Entscheidungen, wenn es mal kurzfristige Schwankungen gibt.

Dein Weg nach vorn: Automatisiere alles. Richte einen Dauerauftrag von deinem Girokonto auf dein Depot ein. Stelle einen automatischen Sparplan auf einen ETF ein. Der Zeitaufwand beläuft sich auf 30 Minuten einmalig, dann läuft alles automatisch. Einmal im Jahr checkst du kurz, ob alles funktioniert. Mehr dazu lernst du in den folgenden Kapiteln.

Erfolgsstory: Julia, 32, Ärztin mit zwei Kindern, dachte, sie hätte keine Zeit zum Investieren. Sie richtete einen automatischen Sparplan von 200 Euro monatlich ein. Der Zeitaufwand belief sich auf 20 Minuten Setup und 10 Minuten pro Jahr Kontrolle. Nach fünf Jahren hatte sie 12 000 Euro eingezahlt, was durch Kurssteigerungen auf insgesamt 14 000 Euro stieg. »Passives Investieren ist perfekt für beschäftigte Menschen«, sagt sie.

Typ F: Die Gebrannten

Wer du bist: Du oder jemand in deinem Umfeld hat schon mal Geld verloren. Vielleicht in der Dotcom-Blase 2000, der Finanzkrise 2008 oder mit einzelnen Aktien, die abgestürzt sind. Diese Erfahrung sitzt tief. Wenn jemand »Aktien« oder »Investment« sagt, erinnerst du dich sofort an diese schlechte Zeit. »Einmal gebrannt, doppelt vorsichtig.«

Warum diese Denkweise entstanden ist: Negative Erfahrungen prägen uns psychologisch stärker als positive. Wissenschaftler nennen dieses Phänomen »Negativitätsbias«. Verluste schmerzen uns emotional mehr als Gewinne. Bei der Geldanlage jedoch führt das zu irrationalem Verhalten. In Deutschland hat besonders der Absturz der Telekom-Aktie Anfang der 2000er-Jahre das Vertrauen vieler Anleger:innen nachhaltig erschüttert. Studien zeigen, dass dieses kollektive Negativerlebnis auch Jahrzehnte später viele Menschen davon abhält, in Aktien zu investieren. Der Fall Telekom wurde so zum Symbol für Risiken am Aktienmarkt und prägte das deutsche Anlegerverhalten wie kaum ein anderes Einzelereignis.[17]

Warum diese Einstellung dich zurückhält: Wenn eine negative Erfahrung dein Denken prägt, entsteht leicht ein falsches Gesamtbild. Du schließt dann vom Einzelfall auf das ganze Thema und meidest Investitionen grundsätzlich. Das ist, als würdest du nach einem Autounfall nie wieder Auto fahren, obwohl die eigentliche Ursache klar erkennbar und vermeidbar war.

Die meisten Fehler beim Investieren entstehen nicht durch den Finanzmarkt selbst, sondern durch Entscheidungen der Anleger:innen. Verluste entstehen häufig, weil das falsche Produkt gewählt wurde, zu einem ungünstigen Zeitpunkt ausgestiegen wurde oder das Geld nicht auf genügend verschiedene Investments aufgeteilt wurde. Diese Fehler kannst du ganz einfach vermeiden.

Die befreiende Wahrheit: Es ist nicht notwendig, selbst schmerzhafte Fehler zu machen. Die meisten Verluste entstehen immer wieder durch die gleichen Muster, die man mit etwas Wissen und Struktur umgehen kann. Zwei Ursachen stehen dabei im Vordergrund:

1. **Zu wenig Streuung:** Wer alles auf eine oder wenige Karten setzt, riskiert viel. Es kann gutgehen, muss aber nicht. Die Lösung? Investiere nicht nur in ein einziges Unternehmen, sondern in viele verschiedene Unternehmen und Länder. Das hast du zu 100 Prozent in der Hand. Wie das ganz einfach funktioniert, lernst du später.
2. **Panikverkäufe:** Wenn die Kurse fallen, neigen viele dazu, aus Angst zu verkaufen. Doch wer langfristig investiert, profitiert davon, dass sich die Wirtschaft erholt und die Kurse wieder steigen. Ruhe bewahren ist hier der Schlüssel.

Schaue dir bei Investments die langfristigen Graphen an. Trotz aller Krisen, Crashs und schlechter Nachrichten zeigt der Trend nach oben. Nicht jeden Tag, aber über Jahrzehnte betrachtet schon. Die »Absturz-Momente« sind Pausen auf dem Weg nach oben.

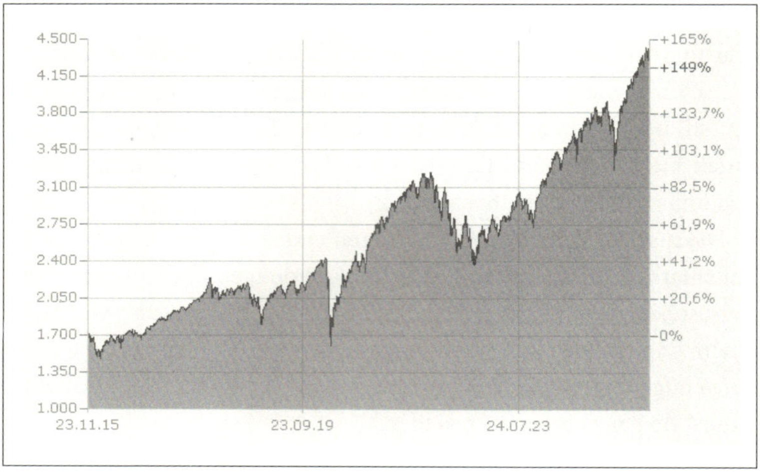

Kursentwicklung des MSCI World Index

Dein Weg nach vorn: Schau dir deine schlechte Erfahrung nüchtern an. Hast du alles auf nur eine oder wenige Aktien gesetzt? Dann lag das Problem darin, dass dein Geld nicht auf genug verschiedene Anlagen verteilt war. Hast du in der Krise panisch verkauft? Dann war die Angst das Problem, nicht das Investieren an sich. Zieh daraus deine Lehren und mach es diesmal besser. Investiere dein Geld auf viele verschiedene Unternehmen verteilt, bleib langfristig dabei und halte an deiner Strategie fest.

Erfolgsstory: Robert, 51, verlor 2001 die Hälfte seines Geldes mit Technologieaktien, als er panisch alles verkaufte. 15 Jahre lang mied er die Börse komplett. 2016 wagte er einen Neustart mit einem diversifizierten ETF-Portfolio. Heute sagt er: »Mein Fehler war nicht, dass ich investiert habe, sondern wie ich es gemacht habe. Diesmal läuft es viel besser.«

Typ G: Die Spätstarter

Wer du bist: Du denkst, der Zug ist abgefahren. Andere haben früher angefangen und du bist zu alt, zu spät dran und hast zu wenig Zeit bis zur Rente. Warum noch anfangen, wenn andere einen 20-Jahre-Vorsprung haben?

Warum diese Denkweise entstanden ist: Wir vergleichen uns ständig mit anderen. Social Media verstärkt das: Wir sehen die Erfolge anderer, aber nicht ihre Misserfolge und Rückschläge. Dazu kommt das Gefühl, wichtige Lebensentscheidungen »verpasst« zu haben. Das ist menschlich, aber beim Thema Geldanlage besonders schädlich.

Warum diese Einstellung dich zurückhält: Du machst den klassischen Denkfehler: »Alles oder nichts.« Nur weil du nicht der Erste warst, heißt das nicht, dass du zu spät bist. Selbst wer mit 50 anfängt zu investieren, kann bis zur Rente noch 15 bis 17 Jahre lang Vermögen aufbauen.

Die befreiende Wahrheit: Der beste Zeitpunkt zum Investieren war vor 20 Jahren. Der zweitbeste ist heute. Ein 50-Jähriger, der 15 Jahre lang 300 Euro monatlich bei 3 Prozent Rendite investiert, hat am Ende etwa 67 000 Euro aus 54 000 Euro Einzahlungen.

Dein Weg nach vorn: Hör auf, dich mit anderen zu vergleichen. Deine Situation ist einzigartig, deine Möglichkeiten auch. Berechne konkret, was du mit deiner verbleibenden Zeit erreichen kannst. Selbst kleine Beträge können über Jahre zu respektablen Summen wachsen. Starte jetzt mit dem, was du hast, nicht mit dem, was du hättest haben können.

Erfolgsstory: Petra, 58, dachte, für sie sei es zu spät. Sie startete trotzdem mit 150 Euro monatlich. Mit 65 hatte sie 15 000 Euro zusätzliche Rente angesammelt. »Hätte ich nicht angefangen, hätte ich heute null Euro extra. So habe ich wenigstens etwas«, sagt sie pragmatisch.

Typ H: Die Zufriedenen

Wer du bist: Du bist mit deinem Leben zufrieden. Dein Job läuft, deine Rente wird schon irgendwie reichen und du kommst mit einem bescheidenen Lebensstil gut klar. Da dir deine Arbeit Freude macht, kannst du dir sogar vorstellen, länger zu arbeiten. Geld ist für dich kein Mittelpunkt im Leben. Wichtig ist vor allem, dass es für die wirklich nötigen Dinge reicht.

Warum diese Denkweise entstanden ist: Genügsamkeit gilt als Tugend, denn wer mit wenig zufrieden ist, lebt oft glücklicher als jemand, der ständig nach mehr strebt. Diese Haltung ist im Alltag eine große Stärke, weil sie Gelassenheit schafft und den Fokus auf das Wesentliche lenkt. Doch wenn es um Geldanlage geht, kann genau diese Einstellung zum Problem werden, da sie leicht dazu führt, dass man wichtige Risiken übersieht oder verdrängt.

Warum diese Einstellung dich zurückhält: Du unterschätzt vielleicht, wie sehr sich deine Situation in Zukunft verändern kann. Dinge wie Inflation, steigende Gesundheitskosten, eine längere Lebenserwartung oder Veränderungen in der Familie können dazu führen, dass dein finanzieller Bedarf deutlich höher wird, als du heute denkst. Was im Moment »genug« scheint, kann in einigen Jahren nicht mehr ausreichen. Vorsorge hat deshalb nichts mit Gier zu tun, sondern mit Sicherheit. Gerade in einer Zeit, in der das Rentensystem immer unsicherer wird, ist es entscheidend, selbst aktiv vorzusorgen. Sonst kann es passieren, dass du trotz eines ganzen Lebens voller Arbeit im Alter nicht genug zum Leben hast.

Die befreiende Wahrheit: Investieren muss nicht bedeuten, dass du mehr ausgeben willst. Es kann bedeuten, dass du deine Sicherheit erhöhst. Wer investiert, ist weniger abhängig von staatlicher Rente, Arbeitgeber oder anderen. Du gewinnst Optionen und Freiheit.

Dein Weg nach vorn: Betrachte Investieren als Versicherung, nicht als Luxus. Was passiert, wenn du früher in Rente gehen musst? Wenn die Gesundheitskosten steigen? Wenn du deinen Kindern helfen willst? Ein bescheidenes Investment-Programm gibt dir Sicherheit, ohne deinen Lebensstil zu ändern.

Erfolgsstory: Klaus, 45, Lehrer, war immer sparsam und zufrieden. Als er krank wurde und früher in Rente musste, war er froh über seine 20 000 Euro Erspartes aus 10 Jahren kleiner ETF-Sparpläne. »Ich dachte, ich brauche es nicht. Aber als es darauf ankam, war es Gold wert.«

Typ I: Die »Nichts für mich«-Menschen

Wer du bist: Du denkst, Investieren ist nur etwas für reiche Leute, Akademiker:innen oder Menschen mit besonderen Fähigkeiten. Du kommst aus einer Familie, wo nie investiert wurde. In deinem Freundeskreis macht das auch keiner. Das ist eine andere Welt, in die du nicht gehörst.

Warum diese Denkweise entstanden ist: Soziale Prägung ist mächtig. Wir übernehmen oft die Gewohnheiten und Überzeugungen unseres Umfelds. Wenn die Eltern nie investiert haben, fühlt es sich fremd an. Dazu kommt die Darstellung in den Medien, welche Investierende oft als Anzugtragende in gläsernen Bürotürmen zeigen, nicht als »normale« Menschen.

Warum diese Einstellung dich zurückhält: Du begrenzt dich selbst durch falsche Vorstellungen, denn man kann mit 25 Euro monatlich anfangen zu investieren. Es gibt keine Mindestanforderungen an Bildung, Einkommen oder Herkunft. Heute investieren Millionen Menschen am Finanzmarkt, Krankenschwestern, Handwerker:innen, Angestellte, Studierende. Du schließt dich selbst aus einer Möglichkeit aus, die allen offensteht.

Die befreiende Wahrheit: Deine Eltern hatten komplett andere Möglichkeiten, als du sie heute hast. Deswegen sind deren Ängste und Methoden oft veraltet. Die Realität hat sich in den letzten Jahren stark verändert. Was früher kompliziert, teuer und nur für Wohlhabende war, ist heute kinderleicht geworden.

Die Revolution der letzten 10 Jahre:

- **Früher:** Banktermine, komplizierte Formulare, hohe Mindestanlagen, teure Produkte
- **Heute:** In 5 Minuten online von zu Hause aus ein Investment-Konto eröffnen und ab 1 Euro investieren

Was sich konkret geändert hat:

- **Kosten:** Die Gebühren sind von 2 bis 6 Prozent auf 0,1 bis 0,2 Prozent gefallen.
- **Zugänglichkeit:** Statt 10 000 Euro Mindestanlage kannst du heute mit 1 Euro starten.
- **Einfachheit:** Statt komplexer Beratungstermine reichen ein paar Klicks auf dem Handy.
- **Transparenz:** Alle Informationen sind kostenlos online verfügbar.

Es gab quasi eine Revolution für Kleinanleger:innen wie dich und mich. Deine Eltern wissen das oft nicht, weil sie in der alten Welt groß geworden sind. Wenn sie heute zum ersten Mal investieren wollten, würden sie staunen, wie einfach es geworden ist.

Du kannst heute Dinge machen, die früher nur reiche Privatbankkund:innen konnten, aber für einen Bruchteil der Kosten und ohne komplizierte Hürden. Das ist eine komplett neue Welt, und du gehörst zur ersten Generation, die davon profitieren kann.

Dein Weg nach vorn: Du bist genauso berechtigt wie jede:r andere, dein Geld zu vermehren. Investieren ist kein Privileg der Reichen, sondern ein Weg für alle, um Vermögen aufzubauen. Starte klein, lerne dabei und wachse mit der Erfahrung. Du gehörst dazu, sobald du anfängst.

Erfolgsstory: Franz, 29, Krankenpfleger, lernte in der Nachtschicht nebenher Investieren. Eigentlich hatte er gar keine Lust, sich damit zu beschäftigen, aber heute macht es ihm Spaß. »Aktien sind nur etwas für reiche Schnösel«, dachte er. Ein Kollege zeigte ihm, wie er mit 50 Euro monatlich starten kann. Heute, vier Jahre später, hat Franz 3 200 Euro im Depot und inspiriert andere: »Das kann wirklich jeder machen.«

Typ J: Die Skeptischen

Wer du bist: Du traust dem ganzen Finanzsystem nicht und denkst, dass Banken, Börsen und Regierungen an einem Strang ziehen, um die kleinen Leute zu schröpfen. Die Reichen werden reicher, die Armen ärmer. Warum solltest du in ein System investieren, das gegen dich arbeitet?

Warum diese Denkweise entstanden ist: Viele deiner Sorgen sind berechtigt. Es gab Bankskandale, Marktmanipulationen und unfaire Praktiken. Die Schere zwischen Arm und Reich wird größer. Dein Misstrauen basiert auf realen Problemen des Finanzsystems.

Warum diese Einstellung dich zurückhält: Du übst berechtigte Kritik, ziehst aber die falschen Schlüsse. Das Resultat des Systems ist vor allem unfair, weil kleine Anleger:innen, wie du und ich, es nicht nutzen. Wer nicht investiert, wird durch Inflation systematisch ärmer. Wer investiert, profitiert vom Wirtschaftswachstum. Dein Boykott schadet nur dir selbst.

Die befreiende Wahrheit: Das Finanzsystem ist transparenter und geschützter, als du denkst. In Deutschland wacht die BaFin (Bundesanstalt für Finanzdienstleistungsaufsicht) streng über den Markt. Banken müssen deine Investments getrennt von ihrem eigenen Geld verwahren. Selbst wenn die Bank pleite geht, gehören deine Investments dir. Zusätzlich gibt es eine Einlagensicherung, strenge Transparenzregeln und Verbraucherschutz.

Dein Weg nach vorn: Wer sich selbst informiert, kann nicht betrogen werden. Wenn du verstehst, wie Investieren funktioniert, bist du niemandem ausgeliefert. Du erkennst unseriöse Angebote und kannst selbstständig entscheiden. Unwissen macht verwundbar, Wissen macht frei. Nutze das System zu deinem Vorteil, statt dich davon ausschließen zu lassen. Dein Erfolg ist der beste Widerstand gegen Ungerechtigkeit.

Erfolgsstory: Matthias, 33, Sozialpädagoge und Kapitalismuskritiker, startete trotz seiner Vorbehalte einen ETF-Sparplan. »Wenn das System unfair ist, will ich wenigstens auf der Gewinnerseite stehen«, dachte er.

Typ K: Die Optimistischen

Wer du bist: Du bist Feuer und Flamme! Investieren ist für dich das Beste, was es gibt. Du liest ständig über neue Möglichkeiten, träumst davon, wie reich du werden wirst, und siehst überall Chancen. Jeder Rücksetzer ist nur eine Gelegenheit zum Nachkaufen. Du bist überzeugt, dass die nächsten Jahre unglaublich werden, und planst schon, was du mit deinem Reichtum anstellen wirst. Die Börse ist dein Spielplatz der unbegrenzten Möglichkeiten.

Warum diese Denkweise entstanden ist: Optimismus ist eine wunderbare Eigenschaft. Du siehst Chancen statt Probleme, Möglichkeiten statt Hindernisse. Vielleicht hast du schon früh Erfolgsgeschichten gehört oder erste positive Erfahrungen gemacht. Social Media verstärkt das: Überall siehst du Stories von Menschen, die reich geworden sind.

Warum diese Einstellung dich zurückhält: Zu viel Optimismus kann blind machen. Du könntest Chancen überschätzen und Risiken unterschätzen. Studien zeigen: Überoptimistische Anleger:innen handeln zu viel, setzen zu stark auf einzelne »heiße« Aktien und übersehen die Bedeutung der Diversifikation. Sie kaufen oft zu teuer (in Euphorie-Phasen) und ignorieren Warnsignale.[18] Trotz Begeisterung erzielen sie oft schlechtere Renditen als geduldige, langweilige Anleger:innen.

Die befreiende Wahrheit: Deine Begeisterung ist ein riesiger Vorteil, wenn du sie richtig kanalisierst. Die erfolgreichsten Investor:innen kombinieren Optimismus mit Realismus. Deine Energie kann eine Superpower sein, wenn du sie für kontinuierliches Lernen und diszipliniertes Investieren nutzt statt für Spekulationen.

Dein Weg nach vorn: Nutze deine Begeisterung für systematisches Investieren. Statt nach dem nächsten »heißen Tipp« zu suchen, investiere deine Energie in den Aufbau eines soliden Portfolios. Setze den Großteil auf bewährte Strategien und nur einen kleinen Teil auf »aufregende Investments«. So behältst du den Spaß und baust gleichzeitig systematisch Vermögen auf.

Erfolgsstory: Alex, 28, war total begeistert von Kryptowährungen, die durch Hypes in sozialen Medien plötzlich stark steigen können. In einem Jahr machte er +100 Prozent, im nächsten -290 Prozent. Komplett gestresst teilte er seine Investments neu auf, 80 Prozent in solide ETF-Sparpläne, 20 Prozent für »Spaß-Investments«. Nach drei Jahren hat er +31 Prozent Gesamtrendite, viel weniger Stress, aber immer noch spannend. »Jetzt habe ich das Beste aus beiden Welten.«

Wie viel kannst du investieren?

Dein Haushaltsbuch: Wo steht dein Geld?

Sara schaut auf ihr Bankkonto. 2 450 Euro zeigt der Kontostand an. Nicht schlecht für Mitte des Monats, denkt sie sich. Doch nur eine Woche später steht da nur noch eine rote Zahl: – 23 Euro. Was ist passiert? Wo ist das ganze Geld hin? Sara geht es wie vielen Menschen. Sie hat keine Ahnung, wofür sie ihr Geld eigentlich ausgibt. Ohne dieses Wissen kann sie aber auch nicht herausfinden, wie viel sie jeden Monat zur Seite legen könnte.

Vielleicht kennst du Saras Situation, am Monatsanfang sieht alles noch rosig aus, doch dann verschwinden die Euros wie von Zauberhand. Der durchschnittliche Haushalt in Deutschland gibt monatlich 2 846 Euro für den täglichen Bedarf aus.[19] Das sind fast 35 000 Euro pro Jahr. Damit ist klar: Wer nicht weiß, wohin das Geld fließt, kann auch nicht bestimmen, wo es hinfließen soll.

Ein einfaches Haushaltsbuch ist die Lösung. Ein Haushaltsbuch ist eine einfache Übersicht, in der du alle deine Einnahmen und Ausgaben notierst, damit du siehst, wie viel Geld du zur Verfügung hast und wofür du es ausgibst. Dabei ist es wichtig, deine Ausgaben in fixe und flexible Ausgaben zu unterteilen. Diese Aufteilung hilft dir zu verstehen, wo du Kontrolle hast und wo nicht. Ein Haushaltsbuch ist wie ein Tagebuch für dein Geld. Du schreibst auf, was an Geld reinkommt und wofür du es ausgibst. So erkennst du schnell, wo du sparen kannst.

Wichtiger als der Vergleich mit anderen ist hierbei deine persönliche 50–30–20-Regel:

- 50 Prozent deines Einkommens für fixe Ausgaben,
- 30 Prozent für flexible Ausgaben,
- 20 Prozent für Sparen und Investieren.

Fixe Ausgaben sind die Kosten, die jeden Monat gleich bleiben. Dazu gehören Miete, Versicherungen, Handyvertrag und andere Verträge. Diese Ausgaben sind fix und können nicht kurzfristig geändert werden. Als Faustformel gilt, dass deine fixen Ausgaben nicht mehr als 50 Prozent deines Nettoeinkommens ausmachen. Das bedeutet, wenn du 3 000 Euro netto verdienst, sollten deine fixen Kosten maximal 1 500 Euro betragen. Für die Miete allein gilt die Regel, dass sie 30 Prozent des Nettoeinkommens nicht übersteigen sollte. Bei 3 000 Euro netto wären das also maximal 900 Euro für die Miete inklusive Nebenkosten.

Flexible Ausgaben kannst du jeden Monat neu bestimmen. Das sind Lebensmittel, Kleidung, Restaurants, Freizeit und alle anderen Ausgaben, bei denen du entscheiden kannst, wie viel du ausgibst. Hier liegt dein größtes Sparpotenzial. Flexible Ausgaben sollten idealerweise bei etwa 30 Prozent deines Einkommens liegen. Das gibt dir Raum für ein angenehmes Leben, ohne dass du jeden Euro umdrehen musst.

Die verbleibenden 20 Prozent kannst du sparen oder für deine Zukunft anlegen.

Ein Haushaltsbuch hilft dir auch dabei, Kostenfallen zu erkennen. Vielleicht merkst du, dass du viel mehr für Take-away-Essen ausgibst, als du dachtest. Oder dass sich kleine, flexible Ausgaben zu großen Summen addieren. Diese Erkenntnisse sind Gold wert, denn sie zeigen dir konkrete Ansatzpunkte zum Sparen.

Der größte Vorteil eines Haushaltsbuchs ist, dass es dir nicht nur Klarheit über deine Ausgaben gibt, sondern auch zeigt, wie viel du tatsächlich investieren kannst. Ohne diesen Überblick ist es schwierig, realistisch einzuschätzen, welchen Betrag du jeden Monat zur Seite legen kannst, ohne dich einzuschränken. Und wie du bereits gelernt hast, entfaltet jeder zusätzliche Euro, den du investieren kannst, durch den Zinseszinseffekt eine enorme Wirkung. Ein scheinbar kleiner Betrag heute kann in einigen Jahren zu einem spürbaren Vermögenszuwachs werden. Genau deshalb ist der Überblick über deine Finanzen die Grundlage für deinen langfristigen Erfolg.

Das Führen eines Haushaltsbuches ist heute einfacher denn je. Du kannst eine App verwenden, eine Excel-Tabelle erstellen oder ganz klassisch mit Stift und Papier arbeiten. Wichtig ist nur, dass du ehrlich zu dir selbst bist und alle Ausgaben erfasst. Auch die 3 Euro für den Coffee-to-go gehören dazu.

Das Schöne an einem Haushaltsbuch ist, dass es nicht urteilt. Es zeigt dir einfach nur die Realität, und diese Realität ist der erste Schritt zu finanzieller Klarheit und letztendlich zu mehr Geld, das du für deine Ziele verwenden kannst.

Merke dir:

- Teile deine Ausgaben in fixe (unveränderliche) und flexible (beeinflussbare) Kosten auf.
- Fixe Ausgaben sollten maximal 50 Prozent deines Nettoeinkommens betragen, die Miete allein höchstens 30 Prozent.
- Flexible Ausgaben sollten etwa 30 Prozent deines Einkommens ausmachen, dann bleiben 20 Prozent zum Sparen.
- Bei flexiblen Ausgaben liegt dein größtes Sparpotenzial, da du hier monatlich neu entscheiden kannst.

Aktivität: Dein persönliches Haushaltsbuch aufsetzen

Du erstellst einen vollständigen Überblick über deine monatlichen Einnahmen und Ausgaben und prüfst, ob du die 50–30–20-Regel einhältst.[20]

Schritt 1: Nettoeinkommen bestimmen

Lade dir eine Haushaltsbuch-App herunter, um deine Ausgaben automatisch kategorisieren zu lassen, oder hole dir unsere Haushaltsbuch-Vorlage über diesen QR-Code:

Solltest du mit der Haushaltsbuch-Vorlage arbeiten, ist es nun an der Zeit, deine Konto-Aktivitäten als Excel-Dokument über dein Onlinebanking herunterzuladen.

Liste nun alle deine monatlichen Geldquellen auf, beispielsweise:

- Gehalt (netto, also das, was auf deinem Konto ankommt),
- Nebenjob,
- Kindergeld, BAföG oder andere staatliche Leistungen,
- sonstige regelmäßige Einnahmen.

Schritt 2: Fixe Ausgaben erfassen (Ziel: maximal 50 Prozent des Nettoeinkommens)

Gehe durch deine Kontoauszüge der letzten drei Monate und notiere alle unveränderlichen Ausgaben:

- Miete/Wohneigentum warm,
- Strom und Gas (falls nicht in der Miete enthalten),
- Handy und Internet,
- Versicherungen (Haftpflicht, Krankenversicherung et cetera),
- Abos (Netflix, Spotify, Fitnessstudio et cetera),

- Kredite und Darlehen,
- sonstige feste Verträge.

Schritt 3: Flexible Ausgaben erfassen (Ziel: etwa 30 Prozent des Nettoeinkommens)

Finde den monatlichen Durchschnitt der letzten drei Monate für folgende Ausgaben heraus:

- Lebensmittel und Drogerie,
- Kleidung,
- Verkehr (ÖPNV-Tickets, Sprit, Reparaturen),
- Restaurants und Take-away,
- Freizeit und Hobbys,
- Geschenke,
- sonstige unregelmäßige Ausgaben.

Schritt 4: 50–30–20-Check durchführen

Berechne die Prozentanteile:

- Fixe Ausgaben ÷ Nettoeinkommen × 100 = _____ Prozent (Ziel: maximal 50 Prozent)
- Flexible Ausgaben ÷ Nettoeinkommen × 100 = _____ Prozent (Ziel: etwa 30 Prozent)
- Verbleibendes Geld für Sparen = _____ … _____ Prozent (Ziel: mindestens 20 Prozent)

Reflexionsfragen:

- Liegt dein Miete-Anteil unter 30 Prozent deines Nettoeinkommens?
- Überschreitest du die 50 Prozent-Grenze bei den fixen Ausgaben?
- Welche flexible Ausgabe könnte reduziert werden, um mehr sparen zu können?
- Wo siehst du das größte Potenzial, um auf die 50–30–20-Regel zu kommen?

Clever sparen im Alltag

Anna steht vor dem Kaffeeautomaten und zögert. 3,50 Euro für einen Coffee-to-go sind fast so viel wie ihr selbst gekochtes Mittagessen. Trotzdem ist die Müdigkeit groß und der Duft des frisch gebrühten Kaffees zu verlockend. Ein paar Minuten später hält sie den Becher in der Hand und beginnt zu rechnen. 3,50 Euro pro Tag an fünf Arbeitstagen ergeben 17,50 Euro pro Woche. Auf ein Jahr hochgerechnet sind das mehr als 900 Euro, nur für Kaffee. Die Zahl erschreckt sie.

Du hast mit deinem Haushaltsbuch jetzt einen klaren Überblick über deine Ausgaben. Du weißt, wohin dein Geld fließt, und kannst bewusst entscheiden, wo du ansetzen möchtest. Damit bist du bereit für den nächsten Schritt. Es geht darum, gezielt zu sparen und trotzdem das Gefühl zu behalten, gut zu leben. Dass Sparen möglich ist, zeigt auch ein Blick auf den Durchschnitt. In Deutschland legen Menschen im Schnitt etwas mehr als 10 Prozent ihres Einkommens zurück.[21] Auf einen Monat gerechnet entspricht das im deutschen Durchschnitt 260 Euro pro Person. Natürlich ist das bei jedem unterschiedlich, doch es macht deutlich, dass Sparen grundsätzlich machbar ist, selbst wenn es im Alltag manchmal schwierig erscheint.

Nachfolgend findest du praktische Strategien, die dir helfen, unbewusste Ausgaben zu reduzieren.

Werde nicht zum Opfer der Algorithmen: Online-Shopping-Plattformen kennen dich besser, als du denkst. Sie wissen, wann du müde bist (und eher Impulskäufe tätigst), welche Farben dich ansprechen und wie sie dich zum Kauf verleiten können. Der »Warenkorb läuft ab«-Countdown? Pure Manipulation. Die »Nur noch 2 auf Lager«-Warnung? Oft erfunden.

Lösche Shopping-Apps nach jedem Einkauf und installiere sie nur bei konkretem Bedarf neu. Melde dich von Shopping-Newslettern ab. Ein paar Sekunden Extra-Aufwand verhindern, dass du in schwachen Momenten spontan einkaufst.

Die Stundenlohn-Regel: Bevor du etwas kaufst, lohnt es sich zu überlegen, wie viel Arbeitszeit eigentlich dahintersteckt. Angenommen, du verdienst 15 Euro netto pro Stunde, dann entspricht eine Jacke für 150 Euro zehn Stunden Arbeit. Dieser Gedankengang hilft dir einzuschätzen, ob der Kauf wirklich sinnvoll ist und ob er dir deinen Arbeitseinsatz wert ist. Oft verändert sich dadurch der Blick auf Ausgaben, die vorher selbstverständlich wirkten.

Soziale Medien als Kostenfalle: Instagram und TikTok sind Verkaufsplattformen getarnt als Entertainment. Content Creator verdienen Geld mit jedem Produkt, das sie dir empfehlen. Der »authentische« Tipp ist oft bezahlte Werbung. Hinterfrage kritisch, ob du das Produkt wirklich benötigst.

Die Wartezeit-Strategie: Warte eine Woche bei Käufen über 50 Euro und einen Monat bei Käufen über 200 Euro. Wenn du das nächste Mal etwas siehst, das dir gefällt, lass es im Geschäft (oder in deinem virtuellen Einkaufswagen) liegen und gib dir Zeit, darüber nachzudenken. Echte Bedürfnisse verschwinden nicht, Wünsche schon.

Abonnement-Falle erkennen: Kostenlose Testmonate sind darauf ausgelegt, dass du sie vergisst. Erstelle dir für jeden Testmonat einen Kalendereintrag drei Tage vor Ablauf und werde Abos los. Viele Menschen zahlen für Services, die sie nicht nutzen, nur weil das Kündigen umständlich ist.

Der Verhandlungstrick: Sage bei Verträgen und größeren Anschaffungen nie sofort Ja. Antworte auch bei guten Angeboten: »Das klingt interessant, ich denke darüber nach und melde mich.« Oft bekommst du dann spontan einen noch besseren Preis oder zusätzliche Leistungen.

Die Qualitäts-Frage: Kaufe weniger, aber besser. Ein 80-Euro-Pullover, den man fünf Jahre trägt, ist günstiger als vier 25-Euro-Pullover, die nach einem Jahr kaputt sind. Kaufe gebraucht statt neu. Hochwertige Secondhand-Artikel kosten oft die Hälfte und halten genauso lange.

Ein weiterer Blickwinkel ist die Preis-Zeit-Rechnung, bei der du berechnest, was dich ein Produkt pro Stunde Nutzung tatsächlich kostet. Dafür teilst du den Kaufpreis durch die Anzahl der Stunden, die du es voraussichtlich nutzen wirst, also Nutzungsjahre mal Nutzungstage pro Jahr mal Stunden pro Tag.

Beispiel: Ein Laptop für 2 500 Euro, den man fünf Jahre lang täglich vier Stunden nutzt, kostet nur rund 0,34 Euro pro Stunde. Ein Luxusgrill für denselben Preis, den man in fünf Jahren insgesamt nur 100 Stunden verwendet, kommt dagegen auf 25 Euro pro Stunde. Dinge, die man oft nutzt, sind auf Dauer die deutlich besseren Investitionen.

Cashback richtig nutzen: Nutze Cashback-Karten nur für Käufe, die du sowieso getätigt hättest. Die 2 Prozent Rückerstattung sind wertlos, wenn du dafür 20 Prozent mehr ausgibst. Cashback ist ein Bonus, aber sollte nicht der ausschlaggebende Grund sein, etwas zu kaufen.

Merke dir:

- Online-Algorithmen manipulieren dich zum Kaufen.
- Rechne Preise in Arbeitsstunden um: Wie lange musst du für diesen Kauf arbeiten?
- Wartezeiten verhindern Impulskäufe: Eine Woche bei Käufen über 50 Euro, ein Monat über 200 Euro.
- Abonnement-Services setzen darauf, dass du sie vergisst. Erstelle daher Kündigungserinnerungen.
- Qualität vor Quantität: Ein teurerer Artikel, der länger hält, ist oft günstiger.

Aktivität: 30-Tage-Spar-Challenge

Du entwickelst ein Bewusstsein für deine täglichen Sparmöglichkeiten und siehst am Ende des Monats konkret, wie viel Geld du durch kleine Veränderungen sparen kannst.

So funktioniert's:

Regel: Spare jeden Tag mindestens eine kleine Sache und schreibe auf, was es war und wie viel du gespart hast.

Beispiele für tägliche Ersparnisse:

- Kaffee zu Hause gemacht statt gekauft: 3,50 Euro
- Mittagessen mitgebracht statt bestellt: 12,00 Euro
- Zu Fuß gegangen statt Taxi genommen: 12,00 Euro
- Leitungswasser statt Getränk gekauft: 2,50 Euro
- Buch aus der Bücherei statt gekauft: 15,00 Euro
- Gutschein verwendet: 5,00 Euro
- Auf Süßigkeiten an der Kasse verzichtet: 3,00 Euro
- Fahrrad statt ÖPNV: 3,20 Euro
- Film zu Hause statt Kino: 12,00 Euro

Dein Spar-Tagebuch (täglich ausfüllen):

Tag 1: Was ich gespart habe: _______ Gesparter Betrag: _____ Euro
Tag 2: Was ich gespart habe: _______ Gesparter Betrag: _____ Euro

[... und so weiter für 30 Tage]

Wenn du das Gesparte noch greifbarer machen willst, nimm den Betrag, den du dir an dem Tag gespart hast, in bar aus deinem Portemonnaie und lege ihn in eine Spardose oder ein Glas. Am Ende der

30 Tage siehst du ganz konkret, wie viel Geld durch kleine Veränderungen zusammenkommt, ein echter Aha-Moment.

Auswertung nach 30 Tagen:

1. Addiere alle gesparten Beträge = Gesamtersparnis
2. Multipliziere mit 12 = mögliche Jahresersparnis
3. Welche Spar-Aktion war am einfachsten?
4. Was würdest du mit dem gesparten Geld machen?

Challenge-Regeln:

- Mindestbetrag: Mindestens 1 Euro pro Tag (aber gerne mehr!)
- Belohnung: Gönn dir am Ende etwas Schönes für 10 Prozent der gesparten Summe.

Deine Sparsumme: Was bleibt zum Investieren?

Bevor du mit dem Investieren startest, ist es wichtig herauszufinden, wie viel Geld dir tatsächlich zum Sparen und Anlegen zur Verfügung steht. Ein Haushaltsbuch hilft dir dabei, deine Ausgaben im Alltag genau zu sehen und zu überprüfen, wofür dein Geld jeden Monat draufgeht. Durch deine Spar-Challenge lernst du zusätzlich, wo deine persönlichen Sparmöglichkeiten liegen. Jetzt kannst du eine realistische und nachhaltige monatliche Sparsumme bestimmen und legst damit die perfekte Grundlage für deine spätere Investitionsstrategie.

Was dein Haushaltsbuch verrät: Im Haushaltsbuch hast du berechnet, wie viel Geld dir nach allen Ausgaben noch übrig bleibt. Das ist deine Ausgangsbasis für die monatliche Sparsumme. Diese verfügbaren Euros am Monatsende sind kein »Spielgeld«, sondern dein Sparpotenzial. Viele Menschen denken: »Das bisschen Geld am Ende des Monats kann ich doch ausgeben.« Doch genau diese Denkweise hält sie davon ab, Vermögen aufzubauen. Eine allgemeine Faustregel ist, etwa 10 bis 20 Prozent des monatlichen Einkommens zu sparen. Aber noch wichtiger als Prozentsätze ist das, was tatsächlich übrig bleibt.

Das Automatisierungs-Prinzip: Sparen funktioniert nur, wenn es automatisch passiert. Richte einen Dauerauftrag ein, der direkt nach deinem Gehaltseingang das Geld auf ein separates Konto überweist. So ist das Geld weg, bevor du es ausgeben kannst. Dadurch wächst dein Kapital exponentiell durch den Zinseszinseffekt.[22]

Die Realitäts-Bremse: Du kannst beispielsweise mit 20 Euro anfangen und nach und nach etwas drauflegen. Starte lieber zu niedrig als zu hoch. Eine Sparrate, die dich zum Verzicht zwingt oder Stress verursacht, hältst du nicht durch. Es ist besser, 50 Euro pro Monat über mehrere Jahre zu sparen als 300 Euro für drei Monate.

Die Flexibilitäts-Regel: Deine Sparsumme ist nicht in Stein gemeißelt. Alle drei bis sechs Monate überprüfst du sie: Verdienst du mehr? Sind Ausgaben gesunken? Dann kannst du die Rate erhöhen. Hast du höhere Kosten? Dann reduziere sie vorübergehend. Flexibilität ist der Schlüssel zum langfristigen Erfolg.

Die Motivations-Mathematik: Deutsche sparen wie schon erwähnt im Durchschnitt 260 Euro pro Monat. Das ist nur ein Durchschnittswert, aber er zeigt. dass Sparen normal und machbar ist. Selbst kleine Beträge summieren sich. 100 Euro monatlich werden in zehn Jahren zu 12 000 Euro plus Zinsen.

Die Erfolgs-Psychologie: Mache dein Sparen sichtbar. Führe ein kleines Spar-Tagebuch oder nutze eine App, die deine Fortschritte zeigt. Belohne dich nach drei Monaten erfolgreichem Sparen mit etwas Schönem, aber nur mit einem kleinen Teil der gesparten Summe.

Deine persönliche Sparsumme basiert auf deinen realen Zahlen, nicht auf theoretischen Formeln. Nutze das Wissen aus deinem Haushaltsbuch und deiner Spar-Challenge, um eine nachhaltige Spargewohnheit zu entwickeln. Der wichtigste Schritt ist nicht, die perfekte Summe zu finden, sondern überhaupt anzufangen.

Merke dir:

- Deine monatliche Sparsumme basiert auf dem verfügbaren Geld aus deinem Haushaltsbuch.
- Ergänze dies durch realistische, wiederholbare Ersparnisse aus deiner Spar-Challenge.
- Rechne konservativ: Spare lieber 80 Prozent deines Potenzials als 100 Prozent und dann zu scheitern.
- Automatisiere das Sparen per Dauerauftrag direkt nach dem Gehaltseingang.
- Behalte immer einen Flexibilitätspuffer und überprüfe deine Rate alle 3 bis 6 Monate.

Aktivität: Deine monatliche Sparsumme definieren

Du legst basierend auf deinem Haushaltsbuch und deiner Spar-Challenge eine realistische monatliche Sparsumme fest und richtest diese automatisch ein.

Schritt 1: Haushaltsbuch-Rückblick

Hole dein Haushaltsbuch aus dem vorherigen Modul hervor:

- Mein Nettoeinkommen: ____________ Euro
- Meine fixen Ausgaben: ____________ Euro
- Meine flexiblen Ausgaben: ____________ Euro
- Verfügbares Geld am Monatsende: ____________ Euro

Schritt 2: Spar-Challenge-Auswertung
So viel kann ich monatlich zusätzlich sparen: ____________ Euro

Schritt 3: Berechnung deiner Sparsumme
Basis-Sparsumme = Verfügbares Geld aus Haushaltsbuch:
____________ Euro
Plus = Zusätzliches Sparpotenzial = ____________ Euro
Theoretische Gesamt-Sparsumme = ____________ Euro

Schritt 4: Realitäts-Check
Stelle dir folgende Fragen:

Kann ich diese Summe 6 Monate lang ohne Stress sparen?
Bleibt mir noch Geld für kleine spontane Wünsche?

Meine realistische monatliche Sparsumme: ____________ Euro

Dein Notgroschen: Wie viel Sicherheit brauchst du?

Tim liegt um 2 Uhr morgens wach und starrt an die Decke. Drei Stunden zuvor hatte er den Anruf bekommen, dass sein Auto einen Totalschaden hat. Die Reparatur kostet 4 500 Euro. Ohne Auto kein Job, ohne Job keine Miete. Tim rechnet fieberhaft: Sein Konto zeigt 340 Euro, die nächste Gehaltsabrechnung kommt erst in zwei Wochen. Dann erinnert er sich daran, dass seine Kollegin Marie einmal von ihrem »Notgroschen« erzählt hat. Warum hat er nie einen aufgebaut?

Du hast inzwischen dein Haushaltsbuch erstellt, Sparmöglichkeiten gefunden und eine monatliche Sparsumme festgelegt. Jetzt ist es Zeit für den wichtigsten Baustein deiner finanziellen Sicherheit: den Notgroschen. Bevor du auch nur einen Euro investierst oder an langfristige Ziele denkst, brauchst du diese eiserne Reserve.

Ein Notgroschen hilft, unerwartete Ausgaben wie eine Autoreparatur zu decken, ohne das Budget zu belasten oder Kredite aufzunehmen. Es ist deine finanzielle Lebensversicherung und Geld, das nur für echte Notfälle da ist. Nicht für den Urlaub, nicht für das neue Smartphone, sondern für Situationen wie eine kaputte Waschmaschine, Zahnarztbehandlungen oder einen plötzlichen Jobverlust.

Der Notgroschen kommt vor allem anderen. Viele Menschen wollen sofort mit dem Investieren beginnen. Das ist verständlich, aber ein Fehler. Bevor du startest, brauchst du unbedingt einen Notgroschen. Stell dir vor, du hast dein Geld in Aktien oder Fonds angelegt und die Kurse sind gerade gefallen. Plötzlich musst du dringend Geld haben und bist gezwungen, deine Investitionen mit Verlust zu verkaufen. Genau davor schützt dich ein Notfallfonds.

Wie viel brauchst du wirklich? Empfohlen wird eine Rücklage von drei Nettomonatsgehältern.[23] Das ist jedoch nur ein Richtwert und die genaue Höhe hängt von deiner Lebenssituation ab. Berechne, wie viel Geld du monatlich für Fixkosten wie Miete, Strom, Versicherungen und Lebensmittel benötigst, und multipliziere diesen Betrag mit der Anzahl an Monaten, für die du eine Rücklage schaffen möchtest. Liegen deine monatlichen Fixkosten bei 1 800 Euro, dann brauchst du mindestens 5 400 Euro als Rücklage für drei Monate.[24]

Verschiedene Situationen erfordern unterschiedliche Notgroschen-Größen:

- **Singles**: 2 bis 3 Nettomonatsgehälter meist ausreichend
- **Familien mit Kindern:** 3 bis 4 Nettomonatsgehälter, da mehr Notfälle möglich sind
- **Selbstständige:** 6 bis 12 Nettomonatsgehälter wegen unregelmäßiger Einkommen
- **Immobilienbesitzer:innen:** Mehr Geld für Reparaturen und Instandhaltung

Wo solltest du den Notgroschen aufbewahren? Drei Kriterien sind für die Wahl des Aufbewahrungsortes entscheidend:

1. **Jederzeit verfügbar:** Du brauchst das Geld sofort, nicht erst in einer Woche.
2. **Sicher:** Keine Kursschwankungen, keine Verlustrisiken.
3. **Getrennt vom Alltag:** Separates Konto, damit du es nicht versehentlich ausgibst.

Wir empfehlen deshalb, die Rücklage auf einem separaten Konto anzulegen, etwa auf einem Tagesgeldkonto. Das hat den Vorteil, dass du jederzeit darauf zugreifen kannst. Tagesgeldkonten bieten aktuell wieder attraktive Zinsen und sind komplett sicher.[25]

Der Notgroschen mag nach viel Geld aussehen, aber du baust ihn Schritt für Schritt auf. Einer der einfachsten Wege, um Rücklagen aufzubauen, ist ein Dauerauftrag. Lege daher fest, dass direkt nach dem Gehaltseingang ein fester Betrag auf ein separates Sparkonto überwiesen wird. Bei einer Sparsumme von 200 Euro monatlich und einem Notgroschen-Ziel von 4 800 Euro (3 × 1 500 Euro Monatsausgaben) dauert es 24 Monate, bis das Sparziel erreicht wird. Das klingt lang, aber diese Sicherheit ist unbezahlbar.

Wenn du dir keine Sorgen um deine finanzielle Zukunft machen möchtest, dann solltest du jetzt mit dem Aufbau eines Notfallfonds anfangen. Das gibt dir ein sicheres Gefühl. Ein Notgroschen wirkt sich massiv auf dein psychisches Wohlbefinden aus. Du schläfst besser, machst dir weniger Sorgen und triffst klare finanzielle Entscheidungen.

Wann ist der Notgroschen »fertig«? Sobald du dein Notgroschen-Ziel erreicht hast, ist dieser Baustein abgeschlossen. Dann kannst du deine monatliche Sparsumme für andere Ziele verwenden, wie langfristigen Vermögensaufbau, Urlaub oder größere Anschaffungen. Der Notgroschen gibt dir Ruhe.

Was zählt als echter Notfall? Nicht jede ungeplante Ausgabe ist ein Notfall. Der Notgroschen ist für existenzielle Situationen geplant, wie Jobverlust, Krankheit, defekte Heizung im Winter, Autoreparatur für den Arbeitsweg. Das neue Smartphone, weil das alte einen Kratzer hat, ist kein Notfall.

Mit dem Notgroschen legst du das Fundament für deine finanzielle Sicherheit. Er ist langweilig, bringt kaum Zinsen und wird hoffentlich nie gebraucht. Aber er ist der wichtigste Baustein deines finanziellen Erfolgs.

Merke dir:

- Der Notgroschen ist deine erste Priorität, vor jedem Investment oder Luxusausgaben.
- Zwei bis drei Nettomonatsgehälter sind der Standard, bei Familien und Selbstständigen mehr.
- Berechne den Betrag basierend auf deinen tatsächlichen Monatsausgaben, nicht dem vollen Einkommen.
- Ein Tagesgeldkonto ist ideal, da es sicher, schnell verfügbar und mit Zinsen versehen ist.
- Erst wenn der Notgroschen steht, solltest du andere finanzielle Ziele angehen.

Aktivität: Deinen persönlichen Notgroschen berechnen und aufbauen

Du berechnest die optimale Höhe deines Notgroschens basierend auf deiner Lebenssituation und legst einen konkreten Aufbau-Plan fest.

Schritt 1: Notfall-Analyse

Welche Notfälle könnten dich treffen? Kreuze an:

☐ Jobverlust oder Einkommensausfall
☐ Autoreparatur oder Neukauf *(falls du auf ein Auto angewiesen bist)*

☐ Haushaltsgeräte-Defekte *(Waschmaschine, Kühlschrank, Heizung)*
☐ Unerwartete Zahnarzt-/Arztkosten
☐ Wohnungsschäden oder dringende Reparaturen
☐ Andere: ________________

Schritt 2: Persönliche Situation einschätzen

Welche Kategorie trifft auf dich zu?

☐ Single, fest angestellt → 2 bis 3 Nettomonatsgehälter
☐ Familie/Kinder → 3 bis 4 Nettomonatsgehälter
☐ Selbstständig → 6+ Nettomonatsgehälter
☐ Immobilienbesitz → + 500 bis 1 000 Euro extra

Schritt 3: Genaue Berechnung

Methode A: Basierend auf Monatsausgaben (genauer)
Nutze die Zahlen aus deinem Haushaltsbuch:

- Fixe Ausgaben: _______ Euro
- Lebenshaltungskosten: _______ Euro
- Monatliche Notfall-Ausgaben: _______ Euro
- × gewählten Faktor (2 bis 6): _______ Euro

Methode B: Basierend auf deinem Nettoeinkommen (einfacher)

- Dein Nettogehalt: _______ Euro
- × gewähltem Faktor (2 bis 6): _______ Euro

Dein Notgroschen-Ziel: _______ Euro

Schritt 4: Aufbau-Plan erstellen

Du kennst deine monatliche Sparsumme schon: _______ Euro

Aufbau-Dauer: Notgroschen-Ziel ÷ monatliche Sparsumme = _______ Monate

Schritt 5: Konto einrichten

- Eröffne ein Tagesgeldkonto (nutze Vergleichsportale)
- Richte einen Dauerauftrag mit deiner monatlichen Sparsumme ein: ______ Euro am ______ (Tag nach Gehalt)

Reflexionsfragen:

- Wie fühle ich mich bei dem Gedanken, ______ Euro als Notgroschen zu haben?
- Was ist der wahrscheinlichste Notfall, der mich treffen könnte?

Deine Strategie: Sparen oder investieren?

Julia steht im Büro ihrer Bank und blickt auf zwei Broschüren. Links liegt »Sicherheit durch Sparen« mit einem Foto vom klassischen Sparbuch, rechts »Vermögensaufbau durch Investieren« mit Grafiken von steigenden Kurven. Der Berater sagt: »Beides hat seine Berechtigung.« Doch Julia ist verwirrt. Wann soll sie sparen, wann investieren? Und was ist eigentlich der Unterschied?

Du hast jetzt deinen Notgroschen aufgebaut und kennst deine monatliche Sparsumme. Jetzt kommt die entscheidende Frage: Was machst du mit dem Geld, das über deinen Notgroschen hinausgeht? Die Antwort hängt davon ab, wann du das Geld brauchst und welche Ziele du verfolgst.

Sparen und Investieren haben in der Regel eine Sache gemeinsam: Du entscheidest dich dazu, dein Geld nicht auszugeben und es stattdessen für die Zukunft zurückzulegen. Allerdings bleibt dein Geld beim klassischen Sparen meistens auf deinem Konto liegen und ist somit der Inflation ausgesetzt. Dein Geld verliert durch die Inflation kontinuierlich an Wert.

Beim Investieren setzt du dein Geld bewusst Schwankungen aus, um langfristig höhere Renditen zu erzielen und die Inflation zu überwinden. Der große Vorteil beim Investieren ist die Rendite, also der Gewinn, den du durch dein Investment erzielen kannst.

Wann solltest du nun sparen und wann investieren?

Sparen ist richtig für:
- **Kurzfristige Ziele (0 bis 3 Jahre):** Urlaub, neues Auto, Hochzeit
- **Notgroschen:** Deine eiserne Reserve für Notfälle
- **Sicherheit:** Geld, das du definitiv nicht verlieren darfst
- **Flexibilität:** Wenn du jederzeit schnell an das Geld ran musst

Wenn du dir in den nächsten Monaten ein neues Handy kaufen möchtest oder ein größerer Urlaub ansteht, sollte das Geld hierfür auf deinem Konto bleiben.

Investieren ist richtig für:
- **Langfristige Ziele (ab 3 Jahre):** Altersvorsorge, Vermögensaufbau
- **Inflationsschutz:** Entscheidend ist, was du dir von deinem Geld leisten kannst, nicht nur, wie groß die Zahl aussieht.
- **Höhere Renditen:** Du willst mehr als die kleinen Sparzinsen.
- **Zeit im Überfluss:** Du kannst Schwankungen mehrere Jahre aussitzen.

Du solltest erst ab einem Zeitraum von 3 Jahren anfangen, dein Geld zu investieren. Warum? Wenn du Geld investierst, das du in Kürze wieder brauchst, kann es sein, dass du Investitionen mit einem Verlust verkaufst.

Die Faustformel ist eine einfache Zeit-Regel:
- **0 bis 3 Jahre:** Nur sparen (Tagesgeld, Sparbuch)
- **3 bis 7 Jahre:** Konservativ investieren oder sicher sparen
- **7+ Jahre:** Kann risikoreicher investiert werden (Aktien, ETFs)

Viele Menschen schrecken zurück, wenn sie das Wort »Risiko« hören. Sie denken an den Totalverlust ihrer Ersparnisse und haben Angst, dass ihr hart verdientes Geld einfach verschwindet. Beim langfristigen Investieren geht es nicht um alles oder nichts. Das eigentliche Risiko besteht darin, dass die Kurse zwischendurch schwanken. Es gibt Phasen, in denen dein Depot weniger wert ist, und das kann sich unangenehm anfühlen. Doch wenn du langfristig investiert bleibst, gleichen sich diese Schwankungen über die Jahre aus. Wer also Geduld mitbringt und sein Geld für viele Jahre arbeiten lässt, hat nicht das Risiko, alles zu verlieren, sondern die Chance, Schritt für Schritt Vermögen mit hoher Rendite aufzubauen.

Die goldene Regel lautet also: Wenn du dein Geld schon verplant hast, dann ist Sparen eine gute Alternative. Wenn du das Geld erst mal nicht brauchst, kannst du es investieren.

Merke dir:

- Sparen ist für kurzfristige Ziele (0 bis 3 Jahre) und deinen Notgroschen.
- Investieren ist für langfristige Ziele (7+ Jahre) und echten Vermögensaufbau.
- Zeit ist dein wichtigster Verbündeter beim Investieren – je länger, desto besser.

Aktivität: Deine persönliche Sparen-versus-Investieren-Strategie

Du erstellst einen klaren Plan, wie viel Geld du sparst und wie viel du investierst, basierend auf deinen Zielen und Zeithorizonten.

Schritt 1: Deine Ziele nach Zeit sortieren

Liste alle deine finanziellen Ziele auf und ordne sie nach Zeithorizont.

Kurzfristig (0 bis 3 Jahre) → Sparen:

1. ____________________ (________ Euro, bis ________)
2. ____________________ (________ Euro, bis ________)
3. ____________________ (________ Euro, bis ________)

Mittelfristig (3 bis 7 Jahre) → Vorsichtig investieren:

4. ________________ (_______ Euro, bis _______)
5. ________________ (_______ Euro, bis _______)
6. ________________ (_______ Euro, bis _______)

Langfristig (7+ Jahre) → Investieren:

7. ________________ (_______ Euro, bis _______)
8. ________________ (_______ Euro, bis _______)
9. ________________ (_______ Euro, bis _______)

Schritt 2: Deine verfügbare Sparsumme aufteilen

Aus den vorherigen Modulen kennst du:

- deine monatliche Sparsumme: ______ Euro
- minus Notgroschen-Aufbau: ______ Euro (falls noch nicht fertig)
- verfügbar für Investitionen: ______ Euro

Schritt 3: Geld den Zielen zuordnen

Teile deine verfügbare Sparsumme auf.

Für kurzfristige Ziele (Sparen):

- Monatlich aufs Tagesgeldkonto: ______ Euro
- Wofür: ________________

Für langfristige Ziele (Investieren):

- Monatlich investieren: ______ Euro
- Wofür: ________________

Kontrollrechnung: Sparen + Investieren = ______ Euro
(deine verfügbare Sparsumme)

Schritt 4: Der 3-Jahres-Test

Für jeden Euro, den du investieren willst, frage dich:

Brauche ich dieses Geld in den nächsten 3 Jahren?

- Ja → Sparen (Tagesgeld/Festgeld)
- Nein → Investieren (ETF/Aktien)

Kann ich es verkraften, wenn es 2 Jahre lang 30 Prozent weniger wert ist?

- Ja → Investieren
- Nein → Sparen

Anpassung nach dem Test:

- Verschiebe ich Geld vom Investieren zum Sparen? ______ Euro
- Finale Aufteilung: ______ Euro sparen, ______ Euro investieren

Schritt 5: Der Umsetzungsplan

Für das Sparen:

- Tagesgeldkonto für kurzfristige Ziele ausgewählt
- Dauerauftrag eingerichtet: ______ Euro monatlich

Für das Investieren:

- Größtes langfristiges Ziel definiert: ________________
- Monatlicher Investitionsbetrag: ______ Euro
- Startzeitpunkt geplant: ________ (nachdem Notgroschen steht)

Zeit ist dein größter Freund

Langzeithorizont: Deine Reise zur finanziellen Freiheit

Wir haben bereits darüber gesprochen, wie entscheidend die Altersvorsorge in der heutigen Zeit ist. Genau deshalb widmen wir uns in diesem Buch vor allem dem langfristigen Investieren. Denn Altersvorsorge ist keine nette Ergänzung, die man vielleicht irgendwann angeht, sondern eine grundlegende Notwendigkeit. Nur wenn du zusätzlich vorsorgst, kannst du sicherstellen, dass dein Lebensstandard im Ruhestand nicht dramatisch sinkt. Langfristiges Investieren ist dabei der Schlüssel, um dein Geld nicht nur zu bewahren, sondern es für dich arbeiten zu lassen.

Wer langfristig vorsorgt, verschafft sich Freiräume für die schönen Dinge im Leben, jetzt und in der Zukunft. Altersvorsorge heißt nicht, auf alles zu verzichten, sondern clever vorzusorgen, um sich später mehr Wünsche erfüllen zu können.

Langfristiges Investieren bedeutet nicht, dass du dein Geld »einschließt« oder für Jahre nicht mehr herankommst. Du kannst Investitionen in Aktien oder ETFs jederzeit verkaufen, theoretisch sogar täglich. Der entscheidende Punkt ist, dass du andere Strategien anwendest, wenn du langfristig investierst. Das bedeutet:

- Du lässt dich nicht von kurzfristigen Schwankungen verunsichern.
- Du wählst Investitionen, die mehr schwanken, aber dafür eine hohe Rendite versprechen (diese weichen ab von Investitionen, die man beim kurzfristigen Investieren wählt).
- Du verkaufst nicht beim ersten Marktcrash, sondern bleibst dabei.

Ein häufiges Missverständnis ist, dass langfristig Investieren starr sei. Stattdessen ist es vollkommen flexibel. Du kannst es jederzeit an deine Lebensverhältnisse anpassen:

- Deine monatliche Sparrate erhöhen, wenn du mehr verdienst.
- Kurzzeitig pausieren, wenn es finanziell eng wird.
- Bei echten Notfällen auch verkaufen.

Merke dir:

- Langfristig bedeutet: ein Anlagehorizont von 10 oder mehr Jahren.
- Du sperrst dein Geld nicht weg, sondern planst, lange investiert zu bleiben.
- Diese Strategie maximiert deine Rendite durch den Faktor Zeit.
- Andere Sparziele kommen nach der Altersvorsorge.

Aktivität: Berechne deine finanzielle Freiheit

Finde heraus, wie groß deine Rentenlücke ist. Überlege dir anschließend, welchen Betrag du heute investieren kannst, damit du im Alter das Einkommen hast, das dir ein gutes Leben ermöglicht.

Schritt 1: Basis definieren

Wie alt bist du heute? __________

Wann möchtest du in Rente gehen? __________

Wie hoch ist dein aktuelles Nettoeinkommen? ________ Euro

Wie viel Geld brauchst du pro Monat im Alter? ___________ Euro

(Diese Zahl kann nur annähernd sein. Schließlich ist es schwierig, das heute genau zu sagen. Aber überlege mal: Möchtest du wirklich von

einem Tag auf den nächsten deinen Lebensstandard radikal nach unten schrauben, nur weil du in Rente gehst?)

Wie hoch wird deine gesetzliche Rente sein? ______________ Euro

(Das hast du bereits im Abschnitt »Die unsichtbare Lücke in deiner Zukunft« berechnet.)

Deine Versorgungslücke: ___________ Euro pro Monat

(Differenz zwischen der benötigten Summe im Alter und der erwarteten gesetzlichen Rente)

Schritt 2: Der Rechner für finanzielle Freiheit

Ein Rechner für finanzielle Freiheit zeigt dir, wie viel du heute monatlich investieren müsstest, um deine Rentenlücke in Zukunft zu schließen. Scanne diesen QR-Code, um zu unserem Rechner zu kommen.

Nutze bei der Frage nach der erwarteten jährlichen Rendite 8 Prozent.

Trage nun die Ergebnisse aus dem Rechner ein:

Endkapital: ________ Euro *(Das ist die Gesamtsumme, welche du bei Renteneintritt insgesamt angespart hast.)*

Monatliche Investmentsumme: _________ Euro *(So viel musst du ab heute monatlich investieren.)*

Schritt 3: Der Reality-Check

Vergleiche deine berechnete Sparrate mit deinen aktuellen Möglichkeiten:

Kann ich die berechnete Sparrate stemmen?

☐ Ja, problemlos.

☐ Ja, aber es wird knapp.

☐ Nein, das ist zu viel.

Falls es zu viel ist, welche Optionen habe ich?

- ☐ Länger arbeiten (später in Rente gehen).
- ☐ Weniger Geld im Alter ausgeben.
- ☐ Mehr verdienen, um mehr sparen zu können.
- ☐ Eine Kombination aus allem.

Schritt 4: Dein Versprechen an dich selbst

Basierend auf deinen Berechnungen, setze dir ein realistisches Ziel: »Ich werde ab __________ (Datum) monatlich __________ Euro für meine Altersvorsorge investieren. Auch wenn ich die volle Summe noch nicht schaffe, fange ich mit diesem Betrag an und erhöhe ihn jährlich.«

Volatilität: Warum du Schwankungen lieben lernen wirst

Markus checkt jeden Morgen sein Investment. Nach drei Monaten sind von seinen 1 000 Euro nur noch 850 Euro übrig. Panik machte sich breit. »Ich verliere mein ganzes Geld!«, denkt er und will verkaufen. Sein Kollege Tom lachte nur: »Weißt du was? Genau deshalb werde ich reich und andere bleiben arm.«

Im letzten Modul haben wir gelernt, warum langfristiges Investieren so wichtig ist. Jetzt schauen wir uns an, warum das überhaupt nötig ist. Der Grund dafür ist die Volatilität. Sie ist der Hauptgrund, warum wir zwischen kurz-, mittel- und langfristigen Anlagehorizonten unterscheiden.

Was Volatilität wirklich bedeutet

Volatilität ist ein kompliziert klingendes Wort für etwas ganz Einfaches: Schwankungen. Wenn du investierst, schwankt der Wert deiner Anlage ständig auf und ab. Das ist völlig normal und hat nichts mit »Zockerei« zu tun. Je höher die Volatilität eines Investments ist, desto stärker schwankt der Wert nach unten und nach oben.

Hier siehst du einen Graphen mit hoher Volatilität. Die Schwankungen sind höher, aber das Investment steigt stark im Wert.

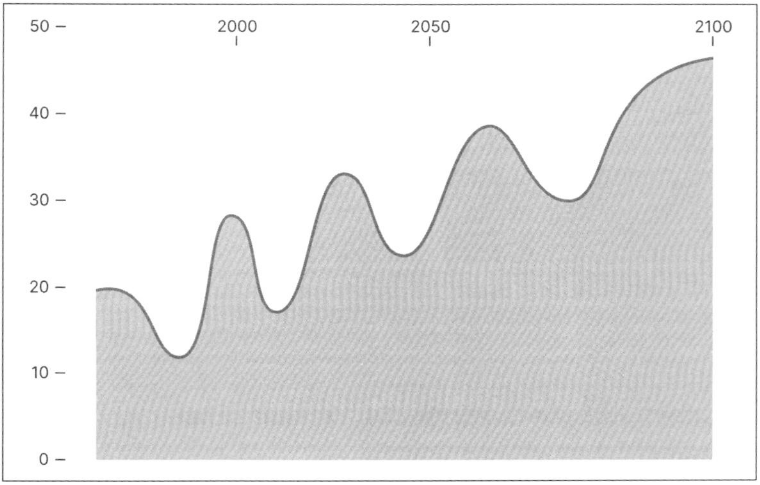

Hier siehst du einen Graphen mit niedriger Volatilität. Es entwickelt sich mit weniger Schwankungen, aber dafür steigt er auch nicht so stark im Wert.

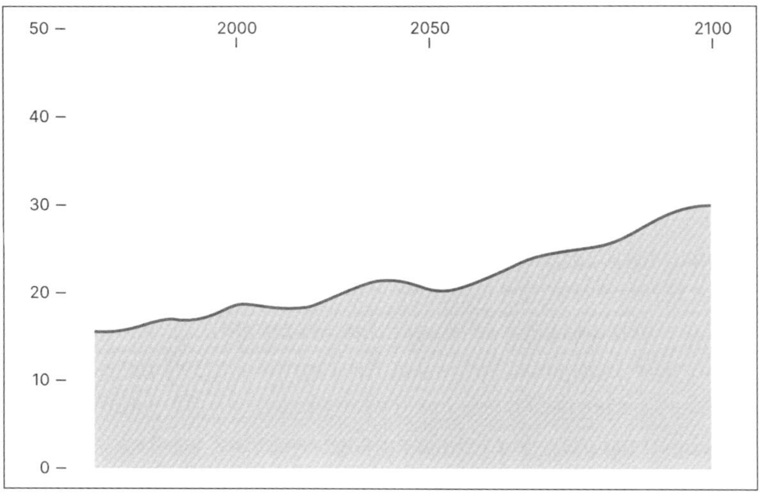

Aber warum schwanken die Preise überhaupt? Stell dir vor, du möchtest dein Auto verkaufen. Wenn plötzlich viele Menschen genau dein Auto haben wollen, kannst du einen höheren Preis verlangen. Gibt es dagegen kaum Interessenten, musst du den Preis senken, damit es jemand kauft. Bei Aktien läuft es ähnlich. Der Kurs bewegt sich, je nachdem, wie viele Menschen kaufen oder verkaufen wollen.

Jeden Tag treffen Millionen von Investor:innen Entscheidungen. Manche wollen kaufen, andere verkaufen. Diese Entscheidungen werden von unzähligen Faktoren beeinflusst: Wirtschaftsnachrichten, politischen Ereignissen, Unternehmensmeldungen oder einfach nur Stimmungen und Gefühlen. Wenn mehr Menschen verkaufen wollen als kaufen, fallen die Preise. Wenn mehr kaufen als verkaufen, steigen sie.

Ein praktisches Beispiel: Warum Verkaufen bei Kurseinbrüchen oft unsinnig ist

Stell dir vor, du hast am Montag 1 000 Euro investiert. Am Dienstag öffnest du deine App und siehst, dass dein Investment nur noch 900 Euro wert ist. Minus 100 Euro an einem einzigen Tag. Dein erster Gedanke: »Schnell verkaufen, bevor ich noch mehr verliere!«

Genau das ist der größte Fehler. Warum? Weil du zum schlechtesten Zeitpunkt verkaufst und den Verlust realisierst. Das Wort »realisierst« heißt in diesem Zusammenhang, dass der Verlust vorher nur auf dem Papier bestand. Man sieht also nur, dass der Wert gesunken ist, hat aber noch kein echtes Geld verloren, solange man das Investment nicht verkauft hat. Sobald man es jedoch verkauft, tritt der Verlust tatsächlich ein (man »realisiert« ihn). Wenn die Kurse später wieder steigen würden, hätte man davon nichts mehr, weil man das Investment ja schon verkauft hat. Man verpasst also die Chance, dass sich der Kurs wieder erholt und ein möglicher Gewinn entsteht.

Ein reales Beispiel ist die Corona-Krise im März 2020. Innerhalb weniger Tage stürzten die Märkte um über 30 Prozent ab und viele Menschen verkauften panisch. Wer jedoch durchgehalten hat, war bereits wenige Monate später wieder im Plus und hat bis heute deutliche Gewinne erzielt.

Die wichtigste Regel lautet, Ruhe zu bewahren, wenn die Kurse fallen. Genau deshalb ist es so sinnvoll, langfristig zu investieren, denn so planst du solche Schwankungen von Anfang an mit ein.

Die folgende Grafik hast du bereits in einem vorherigen Kapitel gesehen, aber auch hier untermauert sie das Argument sehr schön, dass Kurse schwanken, aber sich langfristig oft nach oben entwickeln.

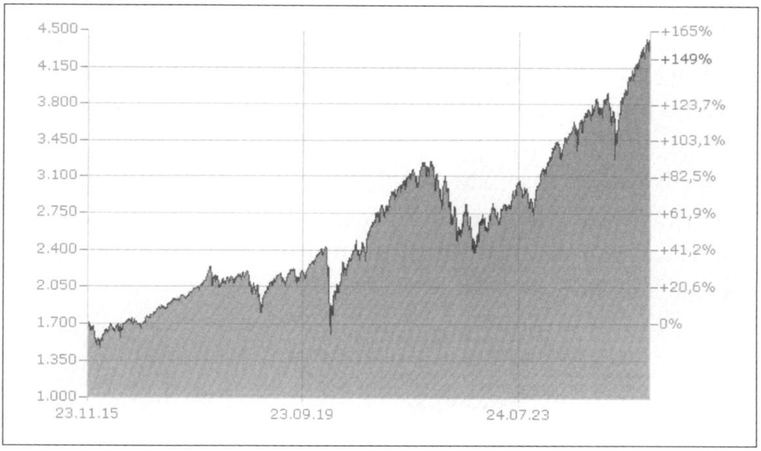

Kursentwicklung des MSCI World Index

Das Risiko-Rendite-Verhältnis verstehen

Jetzt fragst du dich vielleicht: »Gibt es nicht Investments, die weniger schwanken?« Die Antwort ist Ja! Es gibt tatsächlich Anlagen, die nur leicht auf und ab schwanken. Sparbücher, Anleihen, Geldmarkt-ETFs (mehr dazu später). Sie sollten auch Teil eines jeden Portfolios sein. Diese Art der Anlage führt jedoch auch zu kleineren Renditen, die oft nicht einmal hoch genug sind, um die Inflation auszugleichen.

Das ist ein Naturgesetz der Geldanlage: Mehr Risiko (also mehr Volatilität) bedeutet auch mehr Rendite. Weniger Risiko bedeutet weniger Rendite. Du musst dich immer entscheiden, was dir wichtiger ist:

Niedrige Volatilität, niedrige Rendite: Perfekt für Menschen, die sich bei Schwankungen extrem stressen oder ihr Geld schon in wenigen Jahren brauchen. Beispiele: Tagesgeld, Festgeld, sehr sichere Anleihen. Du kannst von 1 bis 3 Prozent Rendite ausgehen.

Höhere Volatilität, höhere Rendite: Perfekt für Menschen, die langfristig investieren und mit Schwankungen leben können. Sie nehmen die kurzzeitigen Schwankungen in Kauf, weil sie wissen, dass am Ende eine deutlich bessere Rendite in Aussicht steht. Du kannst durchschnittlich von 5 bis 8 Prozent Rendite pro Jahr ausgehen.

Da wir in diesem Buch über langfristiges Investieren sprechen (10+ Jahre), können wir uns die höhere Volatilität leisten. Warum? Weil wir Zeit haben, um schlechte Phasen auszusitzen, und am Ende von der höheren Rendite profitieren.

Aktivität: Dein persönlicher Risiko-Reality-Check

Finde mit dem folgenden Test heraus, welcher Risiko-Typ du bist. Dies hilft dir dabei, deine Investment-Strategie klarer zu definieren.

Teil 1: Der 30-Tage-Achterbahn-Test

Stell dir vor, du hast heute 5 000 Euro investiert. In der Tabelle siehst du, wie sich dein Investment über 30 Tage entwickelt. Trage in die freien Spalten ein, wie du dich fühlen und was du tun würdest.

Tag	Wert deines Investments	Wie fühlst du dich?	Was würdest du tun? (Halten/ Nachkaufen/ Verkaufen)
1	5 000 Euro		
5	4 750 Euro (-5 Prozent)		

Tag	Wert deines Investments	Wie fühlst du dich?	Was würdest du tun? (Halten/ Nachkaufen/ Verkaufen)
10	4 500 Euro (-10 Prozent)		
15	4 200 Euro (-16 Prozent)		
20	4 600 Euro (-8 Prozent)		
25	5 100 Euro (+2 Prozent)		
30	5 400 Euro (+8 Prozent)		

Jetzt zähle zusammen:

- Wie oft wolltest du verkaufen? _____ -mal
- Wie oft hättest du dadurch Verluste realisiert? _____ -mal
- Was wäre passiert, wenn du einfach gehalten hättest? __________

Teil 2: Die Schwankungssimulation

Du hast 1 000 Euro investiert.

Nach 3 Monaten kommt ein Crash: Dein Investment ist 700 Euro wert.
Wenn du jetzt verkaufst: Verlust von _____ Euro.

Nach 12 Monaten: Dein Investment ist 1 150 Euro wert.
Wenn du damals bei 700 Euro verkauft hättest: Entgangener Gewinn von _____ Euro.

Nach 4 Jahren (heute): Dein Investment ist circa 1 400 Euro wert.
Wenn du damals bei 700 Euro verkauft hättest: Entgangener Gewinn von _____ Euro.

Was lernst du daraus? Die größten Verluste entstehen nicht durch Schwankungen, sondern durch __________________ .

Teil 3: Dein persönlicher Schwankungs-Kompass

Finde heraus, wie viel Volatilität du aushalten kannst.

Wie oft würdest du dein Investment checken?

☐ Mehrmals täglich
☐ Einmal täglich
☐ Einmal pro Woche
☐ Einmal pro Monat
☐ Einmal pro Quartal

Dein Investment verliert in einer Woche 15 Prozent an Wert. Was machst du?

☐ Sofort verkaufen
☐ Abwarten und täglich checken
☐ Gar nichts, ist eingeplant
☐ Nachkaufen, weil jetzt günstiger

Wie lange kannst du auf dein investiertes Geld verzichten?

☐ Weniger als 3 Jahre → Investiere nicht oder nur sehr sicher.
☐ 3 bis 5 Jahre → Investiere vorsichtig.
☐ 5 bis 10 Jahre → Du kannst moderate Schwankungen aushalten.
☐ Mehr als 10 Jahre → Du kannst höhere Schwankungen aushalten.

Deine Auswertung:

Überwiegend erste Antworten? → Starte mit niedrigerer Volatilität und kleinen Beträgen.

Überwiegend mittlere Antworten? → Du bist bereit für moderate Schwankungen.

Überwiegend letzte Antworten? → Du verstehst langfristiges Investieren.

Der Einstiegszeitpunkt: Warum »jetzt« der beste Zeitpunkt ist

Tom plant seit Monaten, mit dem Investieren anzufangen. Jeden Monat findet er einen neuen Grund zu warten: »Die Kurse sind zu hoch«, dann »Es kommt bestimmt ein Crash«, dann »Ich warte noch auf den perfekten Moment«. Währenddessen investiert seine Kollegin Sarah jeden Monat ihre 150 Euro. Nach zwei Jahren schaut Tom neidisch auf Sarahs Depot und denkt: »Hätte ich doch einfach angefangen!«

»Ich warte auf den perfekten Einstiegszeitpunkt« – dieser Satz hat schon mehr Träume vom Vermögensaufbau zerstört als jeder Börsencrash. Die Wahrheit ist, dass es den perfekten Einstiegszeitpunkt nicht gibt.

Erinnerst du dich an den Zinseszinseffekt aus dem vorherigen Kapitel? Je früher du anfängst, desto mehr Zeit hat dein Geld zu wachsen. Jeder Monat, den du wartest, kostet dich Rendite. Nicht nur für diesen Monat, sondern für alle Jahre danach.

Es gibt einen berühmten Spruch unter Investor:innen: »Time in the Market beats Timing the Market.« Das bedeutet: Wie lange du bereits investiert bist, ist wichtiger, als wann du einsteigst.

Studien zeigen: Selbst wenn du immer zum schlechtesten Zeitpunkt des Jahres investiert hättest (also immer an den Jahreshöchstständen), hättest du langfristig trotzdem gute Renditen erzielt. Der Grund ist, dass die Zeit schlechte Einstiegszeitpunkte ausgleicht.[26]

Das Dollar-Cost-Averaging-Prinzip

Hier kommt die elegante Lösung: Anstatt einen großen Betrag »zum richtigen Zeitpunkt« zu investieren, investierst du regelmäßig kleine Beträge. Das nennt man Dollar-Cost-Averaging (auf Deutsch: Durchschnittskosteneffekt).

Warum macht man das? Weil niemand – wirklich niemand – exakt vorhersagen kann, wann die Kurse steigen oder fallen werden. Selbst Profis wissen nicht, wie sich Finanzmärkte kurzfristig entwickeln. Wenn die besten Expert:innen der Welt es nicht können, können wir es erst recht nicht.

Dollar-Cost-Averaging ist die Antwort auf diese Unwissenheit. Du investierst jeden Monat, idealerweise automatisiert, eine feste Summe. Völlig »blind«, ohne dich damit zu beschäftigen, wo die Kurse gerade stehen. Mal kaufst du zu höheren Preisen, mal zu niedrigeren. Im Durchschnitt erzielst du einen fairen Preis. Du musst nie wieder über den Einstiegszeitpunkt nachdenken. Du kaufst einfach jeden Monat, egal was gerade passiert.

Ein Beispiel: Im Januar liegt der Preis eines Anteils bei 100 Euro, sodass du für deine 100 Euro genau einen Anteil erhältst. Im Februar fällt der Preis auf 50 Euro, sodass du für den gleichen Betrag zwei Anteile erwerben kannst. Im März kostet ein Anteil 75 Euro, was dir 1,33 Anteile einbringt. Im Durchschnitt hast du somit 75 Euro pro Anteil bezahlt, obwohl der Kurs im Laufe der Zeit zwischen 50 und 100 Euro schwankte.

Vielleicht denkst du jetzt, dass es besser gewesen wäre, gezielt auf den Kursrückgang auf 50 Euro zu warten und dann zu investieren. In der Praxis ist es jedoch nahezu unmöglich, solche Tiefpunkte vorherzusagen. Der Kurs hätte ebenso gut kontinuierlich auf 300 Euro steigen können, ohne noch einmal zu fallen.

Merke dir:

- Den perfekten Einstiegszeitpunkt gibt es nicht.
- »Time in the Market« schlägt »Timing the Market«.
- Jeder Tag des Wartens kostet dich Zinseszinseffekt.
- Dollar-Cost-Averaging macht den Einstiegszeitpunkt egal.
- Der beste Zeitpunkt zum Investieren ist jetzt.

Aktivität: Schluss mit dem Warten

Erkenne die Kosten des Wartens und starte noch heute mit deiner Investition.

Schritt 1: Deine Warte-Ausreden entlarven

Welche Gründe findest du, um mit dem Investieren zu warten?

☐ »Die Kurse sind zu hoch.«
☐ »Es kommt bestimmt ein Crash.«
☐ »Ich warte noch auf mehr Geld.«
☐ »Ich will erst mehr lernen.«
☐ »Die politische Situation ist unsicher.«
☐ Andere Aussage: »______________________________«

Die Wahrheit: Für jeden dieser Gründe gab es in den letzten 50 Jahren bessere und schlechtere Zeiten. Wer trotzdem investiert hat, wurde belohnt.

Schritt 2: Dein Start-Commitment

Fülle aus und unterschreibe:

»Ich, ______________________________, höre auf zu warten. Ich starte am ________________ (Datum – am besten heute) mit einer monatlichen Investition von ______________ Euro. Ich verstehe: *Time in the Market* schlägt *Timing the Market*.«
Unterschrift: ____________________

Jetzt sofort: Stelle dir eine Erinnerung für heute (oder den gewählten Starttermin) in dein Handy oder trage einen Termin in deinen Kalender ein: »Erstes Investment machen: ______ Euro.«

In was kannst du investieren?

Aktien: So wirst du Miteigentümer:in von Unternehmen

Mit dem Kauf einer Aktie erwirbst du einen kleinen Teil an einem Unternehmen. Kaufst du zum Beispiel eine Apple-Aktie, gehört dir ein winziger Anteil von Apple. Der Preis jeder Aktie wird täglich von denen bestimmt, die kaufen und verkaufen.

Wichtig zu wissen ist, dass du nicht von jedem Unternehmen Aktien kaufen kannst. Nur Unternehmen, die an der Börse gelistet sind, verkaufen ihre Aktien an normale Menschen wie dich und mich. Viele mittelgroße Unternehmen, die du vielleicht kennst, sind nicht an der Börse gelistet.

Bei guten Nachrichten steigt der Wert der Aktie. Kündigt Apple ein neues iPhone an, das alle begeistert, wollen mehr Menschen Apple-Aktien kaufen und der Preis steigt. Bei schlechten Nachrichten passiert das Gegenteil. Wird bekannt, dass das neue iPhone gefährliche Sicherheitslücken hat, wollen viele ihre Apple-Aktien verkaufen und der Preis fällt.

Der amerikanische Börsenindex, der die 500 größten Unternehmen der USA umfasst (S&P 500), erzielte seit 1926 eine durchschnittliche Rendite von 10,3 Prozent pro Jahr. Das bedeutet: Aus 1 000 Euro wurden in 100 Jahren fast 16 Millionen Euro. Diese Entwicklung hat Millionen von Menschen dabei geholfen, Vermögen aufzubauen.[27] Aber Vorsicht: Das gilt nur, wenn du in Hunderte von Unternehmen gleichzeitig investierst, nicht für einzelne Unternehmen. Hier wird es riskant.

Stell dir vor, du bist ein großer Volkswagen-Fan und liebst es, deinen VW zu fahren. Du findest, dass Volkswagen ein tolles Unternehmen ist, und entscheidest dich, einen großen Teil deines Geldes in VW-Aktien zu investieren. Am 18. September 2015 wachst du auf und siehst die Nachrichten: Volkswagen ist in einen Abgasskandal verwickelt. Das Unternehmen hat bei Millionen von Autos die Abgaswerte manipuliert.[28] Deine VW-Aktien sind nach dem Skandal stark gefallen, sie haben enorm an Wert verloren. Hättest du all deine Ersparnisse in VW-Aktien gesteckt, wärst du über Nacht ärmer geworden.

Was kannst du aus dieser Geschichte lernen? Investiere niemals alles in eine einzige Aktie oder ein einziges Unternehmen. Denn während VW an diesem Tag an Wert verloren hat, sind andere Aktien gestiegen.

Wenn du dein Geld auf viele verschiedene Unternehmen aus unterschiedlichen Branchen verteilst, können die Gewinne der einen Aktie die Verluste der anderen ausgleichen. Diese Strategie nennt man Risikostreuung oder in der Fachsprache: Diversifikation. Wenn du dir eine Sache merkst, dann lass es bitte die Diversifikation sein. Wie das genau funktioniert und wie du es umsetzt, erfährst du im nächsten Abschnitt.

Merke dir:

- Mit dem Kauf einer Aktie erwirbst du einen kleinen Teil eines Unternehmens.
- Der Preis einer Aktie wird durch Angebot und Nachfrage bestimmt.
- Wer in Hunderte verschiedene Unternehmen investiert, erzielt über lange Zeit gute Gewinne.
- Einzelne Aktien können sehr riskant sein und stark fallen.
- Risikostreuung schützt dich vor großen Verlusten.

Aktivität: Dein Aktien-Wissen testen

Lückentext: Vervollständige die Sätze

1. Mit dem Kauf einer Aktie werde ich zu einem ____________ des Unternehmens.
2. Wenn ein Unternehmen schlechte Nachrichten verkündet, ____________ meist der Aktienkurs.
3. Das VW-Beispiel zeigt: Einzelne Aktien können ____________ sein.
4. Um das Risiko zu verringern, sollte ich mein Geld auf viele verschiedene ____________ verteilen.

(Die Auflösung findest du im Anhang auf S. 222)

Reflexion: Überlege dir drei Unternehmen, deren Produkte du täglich nutzt (zum Beispiel dein Smartphone, deine Lieblings-App, deinen Supermarkt). Recherchiere online, ob diese Unternehmen an der Börse handelbar sind.

Risikostreuung: Warum du nicht alles auf eine Karte setzen solltest

Erinnerst du dich an das VW-Beispiel aus dem letzten Abschnitt? Wer 2015 nur VW-Aktien besaß, verlor innerhalb von kurzer Zeit viel Geld. Am Tag des VW-Skandals fielen auch die Kurse der anderen deutschen Autohersteller. Warum? Weil die Anleger:innen dachten: »Wenn VW manipuliert, machen das vielleicht alle deutschen Autobauer.«

Aber was ist mit Unternehmen aus völlig anderen Branchen? Coca-Cola, McDonald's oder Microsoft? Diese Unternehmen hatten mit dem VW-Skandal nichts zu tun. Ihre Aktien blieben stabil oder stiegen sogar. Während Automobilaktien fielen, kauften Investor:innen weiterhin andere Aktien.

Hier kommt die wichtigste Regel beim Investieren ins Spiel: Risikostreuung beziehungsweise Diversifikation. Das bedeutet einfach nur, dass du dein Geld auf viele verschiedene Unternehmen aus unterschiedlichen Branchen und Ländern verteilen solltest.

Während der Corona-Pandemie 2020 brachen die Aktien von Fluggesellschaften und Hotels ein. Lufthansa verlor 34 Prozent ihres Wertes[29] und TUI 54 Prozent. Gleichzeitig stiegen die Aktien von Technologie-Unternehmen stark. Zoom, das Videokonferenz-Unternehmen, gewann 389 Prozent.[30] Netflix stieg um 47 Prozent, weil alle zu Hause blieben und Serien schauten.[31]

Die Mathematik dahinter ist einfach. Wenn du 1 000 Euro hast und alles in eine Aktie investierst, die um 50 Prozent fällt, hast du nur noch 500 Euro. Wenn du die 1 000 Euro aber auf zehn Aktien aufteilst und eine davon um 50 Prozent fällt, verlierst du nur 50 Euro.

Noch besser wird es, wenn du nicht nur verschiedene Branchen, sondern auch verschiedene Länder wählst. Als 2008 die amerikanische Finanzkrise ausbrach, fielen amerikanische Bankaktien besonders stark. Asiatische Banken waren weniger betroffen.

Je mehr verschiedene Unternehmen, Branchen und Länder, desto geringer das Risiko. Professionelle Anleger:innen investieren oft in Hunderte oder sogar Tausende verschiedene Aktien gleichzeitig, und das geht ganz einfach. Mehr dazu im nächsten Abschnitt.

Merke dir:

- Risikostreuung (auch Diversifikation genannt) schützt vor großen Verlusten.
- Verteile dein Geld auf verschiedene Branchen und Länder.
- Wenn eine Branche fällt, können andere steigen.
- Je mehr verschiedene Anlagen, desto geringer das Gesamtrisiko.
- Diversifikation ist der Schlüssel zu sicherem Investieren.

Aktivität: Multiple-Choice-Quiz: Wie gut ist deine Risikostreuung?

Du möchtest 1 000 Euro investieren. Wie würdest du sie aufteilen?

a) Alles in die beste Aktie, die du kennst
b) 100 Euro in zehn verschiedene Aktien aus unterschiedlichen Branchen
c) 500 Euro in zwei verschiedene Aktien

Welche Kombination ist am besten diversifiziert?

a) Apple, Coca-Cola, Siemens und Toyota
b) VW, BMW und Mercedes
c) Apple, Microsoft und Google

Corona bricht aus. Welche Anlagestrategie ist am sichersten?

a) Nur in Zoom investieren, weil alle zu Hause arbeiten
b) In Technologie, Gesundheit, Lebensmittel und Energie investieren
c) Nur in Fluglinien, weil sie nach Corona wieder steigen

(Die Auflösung findest du im Anhang auf S. 222)

ETFs: Investieren in 1 500 Unternehmen mit einem Klick

In den vorherigen Abschnitten haben wir betont, wie wichtig es ist, breit gestreut zu investieren, also dein Geld auf Hunderte oder sogar Tausende Unternehmen zu verteilen. Das klingt erst einmal sehr aufwendig. Doch genau dafür gibt es ETFs. ETF steht für »Exchange Traded Fund«, was übersetzt »börsengehandelter Fonds« bedeutet. Ein ETF ist wie ein großes Paket, das Hunderte oder sogar Tausende verschiedene Aktien enthält.

ETFs sind das beliebteste Investment-Produkt unter Anfänger:innen geworden. In den letzten 10 Jahren hat sich das verwaltete Vermögen in ETFs weltweit von 1,8 Billionen auf über 10 Billionen Dollar verfünffacht.[32] Egal, ob man gerade erst mit 50 Euro anfängt oder bereits Millionär ist, ETFs sind unter allen Anleger:innen sehr beliebt. Warren Buffett, einer der erfolgreichsten Investoren der Welt, empfiehlt seiner eigenen Frau, nach seinem Tod 90 Prozent des Erbes in einen simplen ETF zu investieren.[33]

Stell dir vor, du willst in Tausende verschiedene Unternehmen aus der ganzen Welt investieren. Normalerweise müsstest du dafür Tausende einzelne Käufe tätigen. Das würde ewig dauern und viel Geld in Form von Gebühren kosten. Mit einem einzigen ETF kaufst du automatisch kleine Anteile von all diesen Unternehmen auf einmal.

Einer der bekanntesten ETFs ist der MSCI World. Er enthält Aktien von über 1 500 Unternehmen aus 23 entwickelten Ländern und 11 verschiedenen Branchen. Wenn du einen MSCI World ETF kaufst, gehört dir ein winziger Anteil an Apple, Microsoft, Amazon, Nestlé, ASML und Hunderten anderen Weltkonzernen gleichzeitig.

Wenn es einem Unternehmen in deinem ETF nicht gut geht, merkst du es kaum. Denn es gibt Hunderte andere Unternehmen, die sich zur gleichen Zeit großartig weiterentwickeln. Zudem sind ETFs einfach zu kaufen, sie sind sehr günstig, und du kannst bereits ab 1 Euro loslegen.

Es gibt verschiedene Arten von ETFs. Neben dem MSCI World gibt es ETFs für einzelne Länder (zum Beispiel nur amerikanische oder nur deutsche Unternehmen), für bestimmte Branchen (nur Technologie oder nur Gesundheit) oder für bestimmte Themen wie Nachhaltigkeit oder künstliche Intelligenz. Du kannst mit ETFs sogar in Immobilien und Rohstoffe investieren.

ETFs lösen also das Problem der Risikostreuung automatisch für dich. Du musst nicht selbst 50 verschiedene Aktien auswählen und kaufen. Ein einziger ETF erledigt das für dich und investiert in Hunderte oder Tausende Unternehmen gleichzeitig. Kein Wunder, dass sie sowohl bei Einsteiger:innen als auch bei Profis so beliebt sind.

Merke dir:

- Ein ETF ist ein Paket aus Hunderten oder Tausenden Aktien.
- ETFs sind eine beliebte Investment-Form für Anfänger:innen und Profis gleichermaßen.
- Mit einem Kauf investierst du automatisch in viele Unternehmen gleichzeitig.
- ETFs sind günstig und bereits ab 1 Euro pro Monat besparbar.

Aktivität: Dein ETF-Wissen im Check

Richtig oder falsch? Bewerte die Aussagen:

Mit einem ETF kann ich in Tausende Unternehmen gleichzeitig investieren.
a) Richtig
b) Falsch

Wenn ein Unternehmen in meinem ETF pleitegeht, verliere ich all mein Geld.
a) Richtig
b) Falsch

Ich kann bereits ab 1 Euro pro Monat in ETFs investieren.
a) Richtig
b) Falsch

Der MSCI World enthält nur amerikanische Unternehmen.

a) Richtig

b) Falsch

(Die Auflösung findest du im Anhang auf S. 222)

Der Index: Die Einkaufsliste für dein Investment

»Moment mal«, sagt Wiebke zu ihrem Kollegen Tim, nachdem sie schon einiges über ETFs gelernt hatte. »Ich verstehe jetzt, dass ein ETF viele Unternehmen in einen Topf packt. Aber wer entscheidet eigentlich, welche Unternehmen da rein sollen? Kann da jeder machen, was er will?« Tim grinst: »Das ist eine super Frage! Da gibt es tatsächlich Listen – wie Einkaufslisten für ETFs. Und die erstellen nicht die ETF-Anbieter selbst.« Wiebke wird neugierig: »Listen? Erzähl mir mehr!« Tim erklärt: »Diese Listen heißen Indizes. Spezielle Firmen erstellen sie nach festen Regeln. Der ETF-Anbieter nimmt dann diese fertige Liste und kauft alle Unternehmen darauf.«

Du weißt bereits, dass ein ETF viele Unternehmen bündelt und dir so das Leben beim Investieren vereinfacht. Aber wer bestimmt eigentlich, welche Unternehmen in welchen ETF gehören? Das machen nicht die ETF-Anbieter selbst, sondern spezialisierte Unternehmen mit ihren Indizes.

Ein Index ist wie eine Einkaufsliste für ETFs. Diese Listen werden von Index-Anbietern wie MSCI oder Standard & Poor's (S&P) erstellt. Sie legen nach festen, transparenten Regeln fest, welche Unternehmen in welchen Index gehören. Zum Beispiel: »Die 500 größten amerikanischen Unternehmen« (das ist der berühmte S&P 500) oder »Die 40 wichtigsten deutschen Unternehmen« (das ist der DAX).

Die Regeln, welche vom Index-Anbieter definiert werden, sind dabei glasklar. Ist ein Unternehmen groß genug? Ist es profitabel? Wird es häufig an der Börse gehandelt? Erfüllt es alle Kriterien, kommt es in den Index. Fällt es raus, wird es entfernt. Das passiert automatisch nach den festgelegten Regeln, niemand entscheidet das nach Bauchgefühl.

Diese Indizes können ganz unterschiedlich aufgebaut sein: nach Ländern (nur deutsche Firmen), nach Regionen (ganz Europa), nach Branchen (nur Technologie-Unternehmen) oder nach besonderen Themen (nachhaltige Unternehmen). Fast jede erdenkliche Kombination ist möglich.

Dann kommen ETF-Anbieter ins Spiel. Sie nehmen diese fertigen Listen und kaufen alle Unternehmen, die auf der Liste stehen. Das Ergebnis verkaufen sie dir als ETF. Da es viele ETF-Anbieter gibt, die alle mit denselben Listen einkaufen gehen, kannst du dieselben ETFs von verschiedenen Anbietern kaufen. Alle nutzen das gleiche Rezept, aber verpacken es in ihrem eigenen ETF.

Deshalb gibt es zum Beispiel vom beliebten MSCI World Index nicht nur einen ETF, sondern Dutzende. Sei deshalb nicht überrascht, wenn du einen MSCI World von iShares, Xtrackers, Amundi, SPDR oder Invesco siehst. Du kaufst diese ETFs letztendlich auch gar nicht auf Plattformen, die von den ETF-Anbietern betrieben werden, sondern bei deiner Bank oder einer Investment-App. Diese agieren wie ein Supermarkt, wo du oft alle »Marken« an einem Ort finden kannst.

Die Unterschiede zwischen den ETF-Anbietern sind meist winzig. Mal kostet ein ETF 0,12 Prozent Gebühren pro Jahr, ein anderer 0,15 Prozent. Manche schütten Gewinne aus, andere investieren sie direkt wieder. Ein ETF hat vielleicht 5 Milliarden Euro Volumen, ein anderer 3 Milliarden. Mehr zu diesen Themen lernst du in späteren Kapiteln, aber grundlegend kannst du dir merken, dass die Unterschiede meist so marginal sind, dass es besser ist, einfach eine Entscheidung zu treffen, als zu warten.

Lass uns einen Blick auf die bekanntesten »Einkaufslisten« werfen, die du immer wieder hören wirst:

- **S&P 500:** die 500 größten amerikanischen Unternehmen. Hier findest du Apple, Microsoft, Amazon und Co.

- **MSCI World:** über 1 500 Unternehmen aus 23 entwickelten Ländern. Von amerikanischen Tech-Giganten bis zu europäischen Luxusmarken und japanischen Autoherstellern ist alles dabei.
- **DAX:** die 40 größten deutschen Unternehmen wie SAP, Siemens oder BMW. Perfekt, wenn du dir denkst: »Ich kenne diese Firmen und vertraue der deutschen Wirtschaft.«
- **MSCI Emerging Markets:** Unternehmen aus Schwellenländern wie China, Indien oder Brasilien. Oft mit mehr Wachstumspotenzial, aber auch mehr Schwankungen.
- **STOXX Europe 600:** Unternehmen aus ganz Europa, von französischen Luxusmarken über niederländische Banken bis zu schweizerischen Pharmakonzernen.
- **Nasdaq 100:** Die 100 größten Technologie-Unternehmen. Hier tummeln sich die Apples, Googles und Teslas dieser Welt.

Das Schöne: Du musst dich nicht für einen entscheiden. Viele Menschen kombinieren verschiedene Indizes, zum Beispiel 70 Prozent MSCI World für die Basis und 30 Prozent Emerging Markets für extra Wachstumschancen.

Im Anhang findest du detaillierte Beschreibungen von den wichtigsten ETFs.

Merke dir:

- Index-Anbieter (wie MSCI oder S&P) erstellen die »Einkaufslisten« nach festen Regeln.
- ETF-Anbieter kaufen dann alle Unternehmen von dieser Liste und verpacken sie in einen ETF.
- Bekannte Indizes sind S&P 500 (USA), MSCI World (entwickelte Länder) und DAX (Deutschland).
- Perfektionismus beim ETF-Auswählen schadet mehr, als er nützt, wichtig ist, dass du anfängst.

Aktivität: Index-Namen entschlüsseln

Bei diesem Matching-Spiel geh es darum, die Index-Namen richtig zuzuordnen.

Verbinde jeden Index mit seiner richtigen Beschreibung:

- MSCI World
- S&P 500
- DAX
- Nasdaq 100

- Die 40 größten deutschen Unternehmen
- Über 1 500 Unternehmen aus 23 Ländern
- Die 500 größten amerikanischen Unternehmen
- Die 100 größten Technologie-Unternehmen der USA

(Die Auflösung findest du im Anhang auf S. 222)

Fonds: Warum sie oft nicht halten, was sie versprechen

Jetzt kennst du ETFs und Indizes. Aber im Gespräch mit deiner Bank oder anderen Menschen wirst du oft auf einen anderen Begriff stoßen: Fonds. Viele Menschen verwechseln Fonds mit ETFs, aber es gibt einen wichtigen Unterschied, der dich viel Geld kosten kann.

Was ist ein Fonds konkret? Ein Fonds wird von Fondsmanager:innen geleitet. Das sind Spezialist:innen, die aktiv entscheiden, welche Aktien sie kaufen und verkaufen. Sie versuchen, dabei höhere Gewinne zu erzielen als ein Index. Fondsmanager:innen könnten zum Beispiel sagen: »Ich glaube, BMW wird besser laufen als Mercedes, deshalb kaufe ich mehr BMW-Aktien.« Sie stellen also proaktiv ein Aktienpaket zusammen, in welches der Fonds dann investiert.

ETF-Anbieter hingegen kopieren einfach stur einen Index wie den DAX. Steht BMW im DAX, kauft der ETF-Anbieter BMW. Verliert BMW seine Position im DAX, wird BMW verkauft. Keine menschlichen Entscheidungen, keine Emotionen, einfach nur Kopieren.

Das Problem ist, dass die Arbeit von Fondsmanager:innen viel Geld kostet. Sie wollen schließlich bezahlt werden, genau wie ihre Teams aus Analyst:innen und Assistent:innen. Während ETFs nur 0,1 Prozent bis 0,7 Prozent pro Jahr an Gebühren kosten, verlangen Fonds meist 1 Prozent bis 2,5 Prozent pro Jahr. Das klingt nach wenig Geld, macht aber über die Jahre einen riesigen Unterschied. Lass uns dafür einmal ausrechnen, wie viel Mehrkosten du hast, wenn du 30 Jahre in einen Fonds investierst. Lass uns wieder 200 Euro monatliche Einzahlung bei 8 Prozent Rendite annehmen:

Anlageform	Jährliche Kosten	Endbetrag nach 30 Jahren	Unterschied zu ETF
ETF	0,3 Prozent	268.096 Euro	-
Fonds	2,0 Prozent	195.906 Euro	-72.190 Euro

Studien zeigen, dass 85 bis 95 Prozent aller Fondsmanager:innen langfristig schlechter abschneiden als der Index, den sie übertreffen wollen.[34] Du zahlst also mehr Geld für ein oft schlechteres Ergebnis. Fonds gibt es sehr oft bei Banken. Es kann sich auszahlen, dort besonders auf die Kostenstruktur zu achten.

Merke dir:

- Ein Fonds wird von Fondsmanager:innen aktiv verwaltet.
- Fondsmanager:innen versuchen, höhere Gewinne als der Index zu erzielen.
- Fonds kosten oft 5- bis 10-mal mehr als ETFs.
- ETFs kopieren einfach den Index ohne menschliche Emotionen.

Aktivität: ETF versus Fonds Kostenrechner

Berechne, wie viel Geld du nach einer bestimmten Zeit mit deiner eigenen Investitionssumme hättest – einmal mit einem ETF (mit 0,2 Prozent jährlichen Kosten) und einmal mit einem aktiv gemanagten Fonds (mit 2 Prozent jährlichen Kosten).

Schritte:

Überlege dir, wie viel Geld du investieren kannst und willst (einmalige Investition oder regelmäßige Sparrate) ____________ Euro

Berechne mithilfe des Zinseszinsrechners, wie sich deine Investition entwickeln kann.

Scanne den QR-Code, um zu unserem Zinseszinsrechner zu kommen.

Mit ETF: Nutze als jährliche Rendite zum Beispiel 8 Prozent abzüglich 0,2 Prozent Kosten = 7,8 Prozent pro Jahr.

Mit Fonds: Nutze als jährliche Rendite zum Beispiel 8 Prozent abzüglich 2 Prozent Kosten = 6 Prozent pro Jahr.

Trage hier deine Ergebnisse ein:

Wie viel Geld hättest du mit einem ETF (0,2 Prozent Kosten) nach ________ Jahren? ____________ Euro

Wie viel Geld hättest du mit einem Fonds (2 Prozent Kosten) nach ________ Jahren? ____________ Euro

Wie hoch ist der Unterschied zwischen den beiden Beträgen? ____________ Euro

Länder und Regionen: Mit Regionalität einen Fokus setzen

Alina checkt zum dritten Mal ihre Investment-App. »Ich kaufe nur deutsche Aktien«, erklärt sie ihrem Freund Tim. »Siemens, BMW, SAP, das kenne ich alles. Amerikanische oder chinesische Firmen? Keine Ahnung, ob die gut sind.« Tim fragt: »Aber was machst du, wenn Deutschland mal eine Krise hat?« Alina zuckt mit den Schultern. »Wird schon nicht passieren.«

Du weißt bereits, dass du dein Geld möglichst breit streuen solltest, um dein Risiko zu minimieren. Dafür gibt es ETFs wie den MSCI World, der weltweit in viele Firmen investiert. Allerdings hat auch der MSCI World eine starke Konzentration, denn etwa 70 Prozent entfallen auf die USA. Das ist nicht per se schlecht, denn dort sitzen viele der wertvollsten Unternehmen der Welt. Trotzdem möchten manche Menschen ihr Geld noch breiter über verschiedene Regionen verteilen.

Mit ETFs kannst du daher nicht nur global investieren, sondern auch gezielt einzelne Länder oder Regionen beimischen, zum Beispiel über den DAX ETF, der ausschließlich deutsche Unternehmen umfasst, oder über europäische ETFs. Diese können eine sinnvolle Ergänzung sein, wenn du dein USA-Gewicht etwas ausgleichen möchtest.

Warum du nicht nur in ein Land investieren solltest

Es ist jedoch nicht empfehlenswert, ausschließlich in einzelne Regionen zu investieren. Und doch erkennen sich viele Menschen in dem Beispiel von Alina wieder. Es fühlt sich natürlich an, nur dort zu investieren, wo man sich auskennt. Doch genau diese Strategie kann riskant werden. Warum? Stell dir vor, du hast ein Unternehmen und arbeitest nur für Menschen aus deiner Nachbarschaft. Wenn dort ein großes Unternehmen schließt und viele Menschen arbeitslos werden, geben diese weniger aus und du verlierst auf einmal viele Aufträge. Hättest du Kund:innen in ganz Europa oder sogar auf der ganzen Welt, dann wärst du weniger betroffen.

Nehmen wir mal das Beispiel Deutschland. Deutsche Unternehmen machen nur etwa 4 Prozent der weltweiten Wirtschaft aus. Wenn du also nur in Deutschland investierst, lässt du 96 Prozent aller Chancen links liegen.

Fachleute haben einen Namen für Alinas Verhalten: Home Bias. Das bedeutet, Menschen investieren lieber vor der eigenen Haustür als in fremde Länder. Das ist völlig normal und verständlich. Du kennst deutsche Unternehmen, verfolgst deutsche Nachrichten und verstehst die politischen Entscheidungen besser.

Verschiedene Regionen, verschiedene Chancen

Wenn du in verschiedene Regionen und Länder investierst, solltest du abklären, wie stabil die politische Lage und Wirtschaft dort ist. Stabile politische Systeme schaffen Vertrauen für Anleger:innen. Länder wie Deutschland, Österreich und die Schweiz gelten als politisch stabil, weil dort Gesetze berechenbar sind und Eigentumsrechte geschützt werden. In diesen Ländern können Unternehmen langfristig planen und Investor:innen wissen, dass ihre Rechte respektiert werden.

Anders sieht es in politisch instabilen Ländern aus. Wenn sich Regierungen häufig ändern oder autoritäre Strukturen entstehen, können plötzlich neue Gesetze in Kraft treten, die ausländische Investierende benachteiligen. Die Türkei beispielsweise erlebte 2018 einen drastischen Wertverlust ihrer Währung, nachdem politische Spannungen mit den USA entstanden waren. Wer ausschließlich dort investiert hatte, verlor innerhalb weniger Monate über 40 Prozent seines Kapitals. Im Jahr 2022 führte Russlands Angriff auf die Ukraine dazu, dass westliche Sanktionen verhängt wurden. Anleger, die in russische Unternehmen investiert hatten, konnten ihre Anteile plötzlich nicht mehr verkaufen. Die Moskauer Börse blieb wochenlang geschlossen.[35]

Verschiedene Länder stecken in unterschiedlichen Wirtschaftszyklen

Verschiedene Länder durchleben unterschiedliche Wirtschaftsphasen. Während eine Region mit Problemen kämpft, kann eine andere boomen. Diese zeitliche Verschiebung ist dein Vorteil bei einer internationalen Streuung. Die folgenden Zahlen zeigen das deutlich: 2023 schrumpfte die deutsche Wirtschaft um 0,3 Prozent,[36] während Indien 7,9 Prozent Wachstum erreichte.[37] Japan kämpfte mit 1,5 Prozent Wachstum,[38] die USA erzielten 2,9 Prozent.[39] Wer nur in Deutschland investiert hatte, erlebte Verluste. Eine internationale Streuung hätte diese Verluste durch Gewinne in anderen Regionen ausgeglichen.

Diese unterschiedlichen Zyklen entstehen durch verschiedene Faktoren. Während die meisten europäischen Länder mit einer alternden Bevölkerung kämpfen, profitiert Indien von einer jungen, wachsenden Bevölkerung. Die USA haben andere Rohstoffvorkommen als Europa. China durchläuft andere Entwicklungsphasen als etablierte Industrienationen.

Merke dir:

- Du kannst auch in einzelne Länder und Regionen investieren, wenn du dort proaktiv mehr Geld allokieren möchtest.
- Du kannst die regionale Verteilung selbst bestimmen und anpassen.
- Nur in eine Region oder dein Heimatland zu investieren, bedeutet, weltweite Chancen zu verpassen.
- Achte auf den Home Bias, denn internationale Streuung war langfristig erfolgreicher.
- Jede Region hat eigene Stärken und durchlebt unterschiedliche Wirtschaftszyklen.

Aktivität: Dein Welt-Investment-Profil

Beantworte die folgenden Fragen zu deiner aktuellen Situation schriftlich:

- In welche Länder/Regionen investierst du aktuell? (Falls du noch gar nicht investierst: »Noch keine Investments«)
- Welche drei Länder findest du wirtschaftlich am interessantesten?
- Bei welchen Ländern hättest du Sorgen zu investieren?

Reflexion:
Vergleiche deine Antworten: Decken sich deine »interessantesten Länder« mit den Regionen, in die du bereits investierst? Und sind deine Sorgen vielleicht auch durch Nachrichten oder Vorurteile geprägt?

Der wichtige Gedanke: Mit einer weltweiten Streuung musst du dich nicht für oder gegen ein einzelnes Land entscheiden. Du verteilst dein Risiko automatisch auf viele Regionen und machst dich unabhängiger von einzelnen Krisen.

Entwickelte Länder: Die sichere Basis deines Investments

Entwickelte Länder, auch »Developed Markets« genannt, sind das Fundament der meisten Investment-Strategien. Das sind Länder wie Deutschland, USA, Japan, Australien, Kanada und die meisten europäischen Länder.[40] Sie haben etwas gemeinsam: stabile politische Systeme, funktionierende Rechtssysteme und ausgereifte Finanzmärkte.

Was bedeutet das für dich? Diese Länder bieten dir Berechenbarkeit. Wenn du in deutsche oder amerikanische Unternehmen investierst, musst du dir keine Sorgen machen, dass morgen die Regierung wechselt und ausländische Investor:innen enteignet werden.

Hier eine beruhigende Tatsache: Über die letzten 30 Jahre hinweg erzielten Investments in entwickelten Ländern eine durchschnittliche jährliche Rendite von 8,5 Prozent.[41]

Die verschiedenen Regionen der entwickelten Welt:

- **Nordamerika (USA + Kanada):** Macht 70 bis 75 Prozent der entwickelten Märkte aus.[42]
- **Europa:** Etwa 15 bis 20 Prozent der entwickelten Märkte.[43] Solide Industrieunternehmen, oft günstiger bewertet als amerikanische Firmen.
- **Asien-Pazifik (Japan, Australien):** Die restlichen 5 bis 10 Prozent.[44] Japan ist bekannt für Technologie und Automobil, Australien für Rohstoffe.

In entwickelte Länder kannst du beispielsweise mit dem MSCI World investieren. Trotz seines Namens deckt der MSCI World nicht die ganze Welt ab, sondern nur die entwickelten Märkte, aktuell 23 Industrieländer mit über 1 500 großen und mittelgroßen Unternehmen.[45] Um auch in Schwellenländer zu investieren und eine weltweite Abdeckung zu schaffen, nutzt man den MSCI ACWI (entwickelte + Schwellenländer) oder kombiniert MSCI World mit einem MSCI Emerging Markets ETF.

Merke dir:

- Entwickelte Länder machen die Mehrheit des weltweiten Aktienmarktes aus und bieten Stabilität.
- Stabile Rechtssysteme und niedrige Inflation machen sie zur sicheren Basis.
- Mit dem MSCI World investierst du nur in entwickelte Länder.

Aktivität: Deine persönliche Weltkarte der entwickelten Länder

Schritt 1: Informiere dich

Schaue dir die Weltkarte an.

Schritt 2: Gestalte deine Investment-Weltkarte

Male die Länder in verschiedenen Farben an, basierend auf deinem Investment-Interesse:

- **Dunkelgrün:** »Hier investiere ich auf jeden Fall« (sehr hohes Interesse)
- **Hellgrün:** »Das könnte interessant sein« (mittleres Interesse)
- **Orange:** »Eher nichts für mich« (geringes Interesse)
- **Rot:** »Da würde ich nicht investieren« (kein Interesse)

Schritt 3: Begründe deine Entscheidungen

Schreibe zu jedem dunkelgrün und rot gefärbten Land einen kurzen Satz, warum du dich so entschieden hast:

- Warum dunkelgrün: ____________________
- Warum rot: ____________________

Schwellenländer: Das Wachstumsabenteuer der Investment-Welt

Lisa schaut auf ihre Investment-App und sieht China, Indien und Brasilien in einer eigenen Kategorie. »Nach allem, was ich über entwickelte Länder gelernt habe, verstehe ich jetzt, warum diese getrennt sind«, denkt sie. »Aber sind diese Schwellenländer das Risiko wert?« Ihre Freundin Amelie hat schon mal 20 Prozent Gewinn mit chinesischen Aktien gemacht, aber auch schon mal 15 Prozent verloren. Es ist Zeit herauszufinden, was dahintersteckt.

Schwellenländer, auch »Emerging Markets« genannt, sind Länder, die wirtschaftlich schnell aufholen, aber noch nicht so stabil sind wie entwickelte Länder. Die bekanntesten sind China, Indien, Brasilien, Russland und Südkorea. Der große Unterschied zu entwickelten Ländern ist, dass sie schneller wachsen, aber auch mehr schwanken.

Schwellenländer machen etwa 15 Prozent des weltweiten Aktienmarktes aus.[46] Über die letzten 20 Jahre hinweg erzielten sie eine durchschnittliche jährliche Rendite von 8 Prozent. Das ist mehr als bei entwickelten Ländern, aber die Schwankungen waren auch doppelt so hoch. Was bedeutet das? In einem Jahr können Schwellenländer +35 Prozent machen, im nächsten Jahr -25 Prozent. Entwickelte Länder schwanken meist nur zwischen +15 Prozent und -15 Prozent.[47]

Die wichtigsten Schwellenländer-Regionen:

- **Asien (China, Indien, Südkorea, Taiwan):** Macht 75 Prozent der Schwellenländer-Märkte aus. China trägt allein rund 30 Prozent zur Marktkapitalisierung der Schwellenländer bei. Stärken: Technologie, Produktion.
- **Lateinamerika (Brasilien, Mexiko):** Etwa 15 Prozent der Schwellenländer. Stärken: Rohstoffe, Landwirtschaft.
- **Sonstige (Russland, Südafrika, Türkei):** Die restlichen 10 Prozent. Sehr unterschiedliche Stärken, je nach Land.

Der Emerging Markets Index ist der bekannteste Schwellenländer-Index. Er enthält etwa 1 200 bis 1 400 Unternehmen aus 24 Ländern.[48] Die größten Unternehmen sind Taiwan Semiconductor, Tencent (China) und Samsung (Südkorea) (Stand 2025).

Merke dir:

- Schwellenländer machen 15 Prozent des Weltmarktes aus und bieten höhere Renditen bei höherem Risiko.
- Höheres Wirtschaftswachstum führt zu höheren Gewinnchancen, aber auch höhen Risiken.

Aktivität: Deine persönliche Weltkarte der Schwellenländer

Schritt 1: Vergleiche mit den entwickelten Ländern

Schaue dir deine Weltkarte vom vorherigen Modul an. Welche Länder hattest du dort dunkelgrün angemalt?

Schritt 2: Gestalte deine Schwellenländer-Weltkarte

Male die Schwellenländer basierend auf deiner Risikobereitschaft an:

- **Dunkelblau:** »Das traue ich mir zu« (hohes Wachstumspotenzial, akzeptiertes Risiko)
- **Hellblau:** »Vielleicht ein bisschen« (mittleres Interesse, kleine Beimischung)
- **Orange:** »Zu riskant für mich« (lieber nicht)
- **Rot:** »Auf keinen Fall« (zu instabil/unsicher)

Schritt 3: Vergleiche deine Weltkarten

Vergleiche deine beiden Weltkarten (entwickelte Länder versus Schwellenländer). Bist du eher der sichere oder der risikofreudige Typ?

Das 70/30-Portfolio: Deine erste Investitionsstrategie

Das 70/30-Portfolio ist eine der einfachsten Methoden, um dein Geld breit über die ganze Welt zu streuen. 70 Prozent deines Geldes fließen in Unternehmen aus wohlhabenden Ländern wie den USA, Deutschland oder Japan. Die anderen 30 Prozent investierst du in Schwellenländer wie China, Indien oder Brasilien. Diese Aufteilung bringt dich auf mehr als 3 000 Aktien aus 46 Ländern aus den unterschiedlichsten Branchen. Du besitzt dann automatisch kleine Anteile an Apple, Samsung, Nestlé und Tausenden anderen Firmen, ohne jede einzeln kaufen zu müssen.

Warum diese 70/30-Aufteilung? In vielen bekannten Welt-Index-Listen, wie dem MSCI World, machen die USA oft 60 Prozent oder mehr aus. Das bedeutet, dass dein Geld sehr stark von einem einzigen Land abhängt. Mit dem 70/30-Portfolio gleichst du das etwas aus und gibst Schwellenländern mehr Gewicht. Schwellenländer können zwar schwankungsreicher sein, haben aber oft auch höhere Wachstumschancen, weil ihre Wirtschaft noch stärker wächst.

Die Umsetzung dieser Strategie ist denkbar einfach. Du kaufst jeweils einen MSCI World ETF und einen MSCI Emerging Markets ETF. Mit diesen beiden Bausteinen deckst du die komplette Weltwirtschaft ab. Fertig ist dein Welt-Investment.

Merke dir:

- Das 70/30-Portfolio investiert in über 3 000 Unternehmen weltweit mit nur zwei Bausteinen.
- 70 Prozent gehen in wohlhabende Länder, 30 Prozent in Schwellenländer für eine ausgewogene Weltstreuung.
- Es besteht zu 100 Prozent aus Aktien und eignet sich daher für langfristige Ziele wie die Altersvorsorge.
- Du erreichst automatisch eine breite Streuung über Länder, Branchen und Unternehmen.

Aktivität: Baue dein erstes 70/30-Portfolio

Zeit herauszufinden, wie sich ein 70/30-Portfolio für dich anfühlen würde. Mit dieser Übung erstellst du dein erstes virtuelles Weltportfolio und siehst, in welche Länder und Unternehmen dein Geld fließen würde.

Schritt 1: Bestimme deinen Anlagebetrag

Überlege dir einen Betrag, den du theoretisch investieren könntest. Das können 50 Euro, 500 Euro oder 5 000 Euro sein – wichtig ist nur, dass du dir vorstellen kannst, dieses Geld längerfristig nicht zu brauchen.

Schritt 2: Teile dein Geld auf

- 70 Prozent deines Betrags = Industrieländer-Anteil
- 30 Prozent deines Betrags = Schwellenländer-Anteil

Mit dieser kleinen Übung hast du gesehen, wie einfach es ist, mit nur zwei Bausteinen ein weltweites Portfolio aufzubauen. Das 70/30-Portfolio zeigt dir, dass Diversifikation nicht kompliziert sein muss und dass dein Geld dadurch in die unterschiedlichsten Länder und Unternehmen fließen kann. So hast du einen ersten Schritt in Richtung langfristige Geldanlage gemacht.

Schritt 3: Suche dir die passenden ETFs aus

Folge diesem QR-Code, um unsere Excel-Vorlage mit vorausgewählten ETFs herunterzuladen. Suche die passenden ETFs heraus.

Schritt 4: Mache dein erstes Investment

Nun bist du bereit, dein erstes Investment zu tätigen. Folge den Anweisungen im Anhang »Depot eröffnen«, um ein Investment-Konto zu eröffnen. In den meisten Fällen kannst du bereits nach wenigen Minuten investieren. Starte gerne auch einfach mal mit einer kleinen Summe, wie 50 Euro.

Verstehe deine Investments im Detail

ETF-Anbieter: Wer deinen ETF erstellt

Sarah sitzt vor ihrem Laptop und scrollt durch unzählige ETFs. Überall sieht sie verschiedene Namen: iShares, Vanguard, Amundi, Xtrackers. »Welchen soll ich nur wählen?«, fragt sie sich. »Was ist, wenn ich den falschen nehme?« Drei Stunden später ist sie genauso schlau wie vorher und hat immer noch nichts gekauft.

ETF-Anbieter sind vergleichbar mit Marken im Supermarkt. Stell dir vor, du stehst im Supermarkt vor dem Nudel-Regal. Dort siehst du Spaghetti von Barilla, Alnatura und der Hausmarke. Alle drei sind Spaghetti, schmecken ähnlich, nur die Marke ist anders. Genauso verhält es sich mit Anbietern von ETFs. Sie sind wie verschiedene Nudel-Marken: Am Ende bekommst du überall Nudeln, nur das Etikett ist anders. Alle ETF-Anbieter packen die gleichen Unternehmen in ein Paket, unterscheiden sich aber zum Beispiel in der Größe dieses Pakets, also wie viel Geld andere schon in den ETF investiert haben. Die richtige ETF-Auswahl kann überfordernd wirken, weil es so viele verschiedene ETFs gibt. Lass uns deshalb gemeinsam Schritt für Schritt die wichtigsten Punkte evaluieren:

Was macht ein ETF-Anbieter eigentlich? Du hast bereits gelernt, dass ein ETF-Anbieter Aktien eines bestimmten Indizes kauft und dir als ETF anbietet. Nehmen wir als Beispiel den Deutschen Aktienindex, den DAX. Dieser enthält die 40 größten deutschen Unternehmen wie BMW oder Adidas. Damit du nicht alle 40 Aktien einzeln kaufen musst, schnürt dir der Anbieter ein fertiges Paket, den DAX-ETF.

Die großen Namen, die du kennen solltest: In Europa dominieren einige große Anbieter den ETF-Markt. Der größte unter ihnen ist iShares, eine Marke des Vermögensverwalters BlackRock. Zu den weiteren Anbietern zählen Xtrackers, Amundi, Vanguard und Invesco. Darüber hinaus gibt es noch zahlreiche andere Anbieter, die jedoch einen geringeren Marktanteil besitzen. Diese Namen klingen kompliziert, aber du musst sie dir nicht alle merken. Wichtiger ist zu verstehen, was die Rolle der Anbieter ist. Wenn zwei ETFs denselben Index, wie zum Beispiel den DAX, abbilden, sind in beiden ETFs auch dieselben Unternehmen enthalten. Der ETF selbst kann aber von iShares, Xtrackers oder einem anderen Anbieter stammen. Wenn also DAX auf dem Produkt steht, sind stets die 40 größten deutschen Unternehmen vertreten. Entsprechend verlaufen die Wertentwicklungen dieser ETFs in der Regel sehr ähnlich.

Replikationsmethode

Die Art und Weise, wie der ETF-Anbieter den Index nachbildet, nennt sich Replikationsmethode. Diese kann physisch oder synthetisch sein. Bei der physischen Methode kaufen ETF-Anbieter die Aktien direkt ein. Also wirklich alle Anteile, die auch in dem Index sind. Beim DAX beispielsweise werden Anteile von Allianz, Siemens, SAP und all den Firmen im Index gekauft.

Bei der synthetischen Methode werden sogenannte Swaps benutzt. Das bedeutet ganz einfach, dass es sich um ein Tauschgeschäft handelt. Stell dir einen Obstsalat vor: Ein Swap bedeutet, dass du nicht selbst alle Früchte einkaufst und den Salat machst, sondern jemanden bittest, dir einen fertigen Salat zu liefern, der genauso schmeckt wie deiner. Du bekommst also das gleiche Ergebnis, musst aber darauf vertrauen, dass der Salat auch wirklich geliefert wird. Beim ETF ist es ähnlich, der ETF-Anbieter kauft die Aktien nicht selbst, sondern schließt ein Tauschgeschäft mit einer Bank. Die Bank verspricht dem ETF-Anbieter, immer genau die gleiche Wertentwicklung wie der Index zu liefern. Es birgt aber auch ein kleines Zusatzrisiko, falls die Bank ihre Zusage nicht einhalten kann. In Europa ist dieses Risiko allerdings streng reguliert und sehr begrenzt.

Merke dir:

- Große ETF-Anbieter bieten eine ähnliche Qualität.
- Bei gleichem Index (zum Beispiel DAX) sind die Inhalte und die Wertentwicklung praktisch identisch.
- Bei der Auswahl deines ETF-Anbieters solltest du also unter dem Punkt Replikationsmethode darauf achten, ob diese physisch oder synthetisch ist.

Aktivität: Deine Präferenzen entdecken

Du findest heraus, welche Kriterien dir bei der Auswahl von ETFs persönlich wichtig sind.

Aufgabe:
Du stehst im Supermarkt und im Regal vor dir sind verschiedene Packungen Nudeln von unterschiedlichen Marken. Alle enthalten Spaghetti, aber der Preis, die Verpackung oder die Herkunft sind verschieden. Übertrage dieses Bild nun auf ETFs: Auch hier sind die Unternehmen im Index immer gleich, aber verschiedene Anbieter und Details wie Kosten oder Größe unterscheiden sich.

Beantworte für dich:

- Was ist dir wichtiger: ein großer, bekannter Anbieter oder eher niedrige Kosten?

- Würdest du lieber ein Produkt nehmen, dessen Inhalt du genau kennst (physisch), oder reicht dir das Versprechen, dass es sich genauso entwickelt (synthetisch)?
- Fühlst du dich mit bekannten Marken sicherer, oder würdest du auch einem kleineren Anbieter vertrauen?

TER: Was dein Investment wirklich kostet

Stell dir ETFs wie eine professionelle Hausverwaltung vor. Wenn du eine Eigentumswohnung besitzt, kümmerst du dich nicht selbst um defekte Heizungen, Treppenhausreinigung oder Nebenkostenabrechnungen. Dafür zahlst du der Hausverwaltung eine jährliche Gebühr. Genauso funktioniert es bei ETFs. Anstatt selbst Hunderte von Einzelaktien zu kaufen, deren Gewichtungen laufend anzupassen und Dividenden zu verwalten, übernimmt der ETF-Anbieter all diese Aufgaben für dich. Er erwirbt sämtliche Aktien, sorgt für eine professionelle Verwaltung und stellt sicher, dass die Zusammensetzung deines ETFs stets dem zugrunde liegenden Index entspricht. Für diesen Service fallen bestimmte Kosten an.

Der Fachbegriff für die jährlichen ETF-Kosten heißt TER (Total Expense Ratio), was auf Deutsch »Gesamtkostenquote« bedeutet. Diese liegt bei den meisten ETFs zwischen 0,1 Prozent und 0,5 Prozent pro Jahr. Bei 10 000 Euro Investment zahlst du zwischen 10 und 50 Euro Gebühren jährlich. Diese Kosten werden automatisch vom ETF-Wert abgezogen. Du siehst sie nicht auf deinem Kontoauszug, aber sie wirken sich auf die Performance aus. Wenn dein ETF 7 Prozent Gewinn macht, aber 0,2 Prozent Kosten hat, generiert er 6,8 Prozent Rendite.

Wie bereits erwähnt, gibt es neben ETFs aktiv verwaltete Fonds. Bei ihnen entscheiden Fondsmanager:innen, welche Aktien in die Auswahl kommen. Das ist deutlich teurer, weil die Manager:innen bezahlt werden müssen. Genau dieser Kostenunterschied macht den Vergleich spannend.

Aktive Fonds kosten im Durchschnitt 0,8 Prozent bis 2,0 Prozent pro Jahr. Das ist das Acht- bis Zwanzigfache eines ETFs.

Und was ist mit versteckten Kosten? Anders als bei vielen Finanzprodukten gibt es bei ETFs keine versteckten Kosten. Die TER ist transparent und umfasst fast alles: Verwaltung, Marketing und Lizenzkosten für den Index. Die TER-Kosten werden automatisch vom ETF-Wert abgezogen, nicht von deinem Konto. Nicht enthalten sind nur die Kaufkosten beim Broker (meist 0 bis 10 Euro pro Kauf beziehungsweise Verkauf).

Merke dir:

- ETF-Kosten (TER) liegen meist zwischen 0,1 Prozent und 0,5 Prozent pro Jahr, was sehr günstig ist.
- Aktive Fonds kosten das Acht- bis Zwanzigfache eines ETFs (0,8 Prozent bis 2,0 Prozent jährlich).
- Die Kosten werden automatisch vom ETF-Wert abgezogen, nicht von deinem Konto.

Aktivität: Beispielhafte Kostenberechnung

Du erlebst hautnah, wie sich niedrige ETF-Kosten über die Jahre auswirken.

Du sparst 30 Jahre lang monatlich 200 Euro (insgesamt 72 000 Euro eingezahlt). Bei 8 Prozent jährlichem Wachstum vergleichen wir, wie sich unterschiedliche Kosten auswirken:

Antworten:

- Ein günstiger ETF hat Kosten von ca. 0,1 Prozent und führt zu Endvermögen von etwa 278 000 Euro

- Ein teurer ETF hat Kosten von ca. 0,5 Prozent und führt zu Endvermögen von etwa 258 000 Euro
- Ein aktiver Fonds kann Kosten von 1,5 Prozent haben, was zu einem Endvermögen von etwa 215 000 Euro führt

Ergebnis:
Der Unterschied zwischen einem günstigen ETF und einem aktiven Fonds beträgt 63 000 Euro! Das ist fast so viel, als du proaktiv eingezahlt hast.

Reflexion:
Könntest du mit 63 000 Euro zusätzlich etwas Schönes anfangen? Genau das ist der Unterschied zwischen niedrigen und hohen Kosten.

Gewinnverteilung: Ausschütten oder reinvestieren

Kennst du das berühmte Marshmallow-Experiment? Kinder bekommen ein Marshmallow und eine Wahl. Entweder sie essen es sofort oder warten 15 Minuten und bekommen dann zwei. Die geduldigen Kinder waren später erfolgreicher im Leben. Genauso funktionieren ETFs.[49] Bei einem ETF bekommst du zwar kein Marshmallow, aber Gewinne, sogenannte Dividenden.

Wir haben bereits gelernt, dass die Kurse von ETFs und Aktien steigen können und damit der Wert deiner Geldanlage wächst. Es gibt aber noch eine zweite Möglichkeit, wie du als Anleger:in von deinem Investment profitierst, und das sind die Dividenden. Immer wenn ein Unternehmen Geld verdient (zum Beispiel durch den Verkauf von Produkten oder Dienstleistungen) und am Ende des Jahres einen Gewinn übrighat, kann es sich entscheiden, einen Teil dieses Gewinns an die Aktionär:innen auszuzahlen. Das ist die Dividende.

Eine Dividende ist also wie eine Belohnung für alle, die beteiligt sind. Das Unternehmen gibt einen Teil seines Gewinns direkt an die Aktionär:innen. Das ist etwas anderes als ein Kursanstieg. Der Kursanstieg bei einem ETF bedeutet, dass dein Investment generell an Wert gewinnt, also die Aktie oder der ETF teurer wird.

Die Gesamtrendite setzt sich aus zwei Bestandteilen zusammen:

- Dividendenrendite: Das Geld, das du regelmäßig ausgezahlt bekommst.
- Kursrendite: Der Wertzuwachs deiner Anlage, wenn der Preis steigt.

Die Gesamtrendite deiner Geldanlage setzt sich also aus beiden Komponenten zusammen: den Dividenden und den Kursgewinnen. Nur beides zusammen zeigt, wie erfolgreich dein Investment wirklich ist.

Bei ETFs erhältst du Dividenden entweder direkt als Auszahlung auf dein Konto (bei ausschüttenden ETFs), oder sie werden automatisch wieder in denselben ETF investiert und erhöhen so dein Vermögen (bei thesaurierenden ETFs):

Ausschüttende ETFs erkennst du daran, dass sie das Wort »Dist« im ETF-Namen enthalten. Sie sind wie die ungeduldigen Kinder im Marshmallow-Experiment – sie geben dir die Gewinne des ETFs sofort. Du bekommst also jährlich deine Gewinne zur freien Verfügung auf dein Konto ausbezahlt. Das Geld kannst du sofort ausgeben.

Thesaurierende ETFs erkennst du daran, dass sie das Wort »Acc« im ETF-Namen enthalten. Sie sind wie die geduldigen Kinder. Diese ETFs »reinvestieren« deine Gewinne wieder im selbigen ETF. Konkret bedeutet dies, dass der Gesamtwert deines Investments stärker steigt, da keine Auszahlung stattfindet.

Der Unterschied wird riesig

Angenommen du sparst 25 Jahre lang monatlich 300 Euro (insgesamt 90 000 Euro eingezahlt). Bei 7 Prozent jährlichem Wachstum passiert Folgendes:

Ausschüttender ETF: Du bekommst jedes Jahr Dividenden ausgezahlt. Wenn du diese ausgibst, hast du nach 25 Jahren etwa 203 000 Euro.

Thesaurierender ETF: Die Dividenden kaufen automatisch neue Anteile, die wieder Dividenden erwirtschaften. Nach 25 Jahren hast du etwa 243 000 Euro.

Der Unterschied sind 40 000 Euro! Das ist fast die Hälfte dessen, was du insgesamt eingezahlt hast.

Warum ist der Unterschied so groß? Das liegt am Zinseszinseffekt. Bei thesaurierenden ETFs arbeitet nicht nur dein eingezahltes Geld für dich, sondern auch alle reinvestierten Dividenden. Diese erwirtschaften selbst wieder Dividenden, die wieder reinvestiert werden. Ein Schneeballeffekt entsteht, und so wächst dein Vermögen schneller.

Gut zu wissen: Ob ein ETF ausschüttet oder die Gewinne automatisch wieder anlegt, entscheidet der ETF-Anbieter. So kann es denselben DAX-ETF einmal als ausschüttende und einmal als thesaurierende Variante geben. Manche Anbieter bieten auch den gleichen Index in beiden Varianten an.

Welcher ETF passt nun zu dir?

Wähle ausschüttende ETFs, wenn du:

- Regelmäßige Einnahmen brauchst (zum Beispiel im Ruhestand).
- Die Motivation durch sichtbare Dividenden brauchst.

Wähle thesaurierende ETFs, wenn du:

- Langfristig Vermögen aufbauen willst.
- Keine laufenden Einnahmen benötigst.
- Maximal vom Zinseszinseffekt profitieren möchtest.

Für den langfristigen Vermögensaufbau sind thesaurierende ETFs meist überlegen. Der Zinseszinseffekt ist über Jahrzehnte unschlagbar. Du kannst später immer noch zu ausschüttenden ETFs wechseln, wenn du regelmäßige Einnahmen brauchst.

Merke dir:

- Ausschüttende ETFs zahlen die Dividenden sofort aus, thesaurierende reinvestieren sie automatisch.
- Für einen langfristigen Vermögensaufbau sind thesaurierende ETFs meist die bessere Wahl.
- Du erkennst thesaurierende ETFs am Zusatz »Acc«, ausschüttende am Zusatz »Dist« im ETF-Namen.

Aktivität: Welcher ETF-Typ bist du?

Du findest heraus, ob ausschüttende oder thesaurierende ETFs besser zu dir passen.

Schritt 1: Kreuze an, was auf dich zutrifft

☐ Ich möchte 20+ Jahre lang Vermögen aufbauen.
☐ Ich brauche keine regelmäßigen Extra-Einnahmen.
☐ Ich will maximal vom Zinseszinseffekt profitieren.
☐ Ich kann auf die kurzfristige »Belohnung« der Dividenden verzichten.

Schritt 2: Zähle deine Kreuze

3 bis 4 Kreuze: Thesaurierende ETFs (Acc) sind perfekt für dich! Du wirst langfristig deutlich mehr Vermögen aufbauen.

1 bis 2 Kreuze: Schau dir ausschüttende ETFs (Dist) an. Die regelmäßigen Dividenden könnten dich motivieren.

0 Kreuze: Du brauchst vermutlich regelmäßige Einnahmen. Ausschüttende ETFs sind deine Wahl.

WKN und ISIN: Die eindeutige Kennung für dein Investment

Sylvia erzählt ihrem Freund, dass sie einen MSCI World gekauft hat. Ihr Freund macht sich auf die Suche und findet Dutzende Optionen. Er denkt sich: »Welchen soll ich kaufen?« Sylvia hat die Lösung für ihn, sie kann einfach die Kennung ihres ETFs teilen und ihr Freund weiß genau, welchen er nehmen soll.

Jeder ETF und jede Aktie besitzt eine eindeutige Kennung, vergleichbar mit einem Strichcode im Supermarkt. Diese Kennungen heißen WKN (Wertpapierkennnummer) und ISIN (Internationale Wertpapierkennnummer) und gelten als die wichtigsten »Barcodes« in der Investment-Welt. Mit diesen Kennnummern findest du garantiert das richtige Produkt, unabhängig vom Anbieter. So kannst du sicher sein, tatsächlich das gewünschte Wertpapier zu kaufen, und läufst keine Gefahr, aufgrund ähnlich klingender Namen das falsche Produkt auszuwählen.

Die WKN (Wertpapierkennnummer): Die WKN ist eine sechsstellige deutsche Kennung für Wertpapiere. Sie besteht aus Buchstaben und Zahlen, wobei die Buchstaben »I« und »O« niemals vorkommen. Das verhindert Verwechslungen mit den Zahlen »1« und »0«. Alte WKNs bestehen oft nur aus Zahlen (wie »840400« für Allianz), während neuere seit 2003 meist mit Buchstaben beginnen (wie »A1XB5U« für den Xtrackers MSCI World ETF). Die WKN funktioniert nur in Deutschland und Österreich. Für internationale Transaktionen ist die ISIN notwendig. Jede WKN gibt es nur einmal, und sie bleibt ein Leben lang gleich, selbst wenn sich der Name des Unternehmens ändert.

Die ISIN (International Securities Identification Number): Die ISIN ist die internationale zwölfstellige Wertpapierkennung und funktioniert weltweit. Sie beginnt immer mit einem Ländercode aus zwei Buchstaben: »DE« steht für Deutschland, »US« für die USA, »IE« für Irland. Nach dem Ländercode folgen neun Zeichen (die sogenannte National Security Identifying Number, kurz ISIN) und eine Prüfziffer am Ende. Die ISIN wurde 1981 eingeführt und ist heute der globale Standard für die Identifikation von Wertpapieren. Sie wird von der International Organization for Standardization (ISO) verwaltet und in über 100 Ländern verwendet.[50]

Schauen wir uns ein konkretes Beispiel an: Den Xtrackers MSCI World UCITS ETF 1C mit der WKN A1XB5U und der ISIN IE00BJ0KDQ92. Hier siehst du einen Screenshot von einem ETF, inklusive ETF-Namen und weiteren Kennungen. Auf den ersten Blick kann dies einschüchternd wirken, aber du wirst gleich merken, dass du die meisten Themen auf dem Screenshot bereits gelernt hast.

Was bedeuten diese Kennungen?
WKN A1XB5U: Hierbei handelt es sich um die deutsche Kennung für diesen ETF.

ISIN IE00BJ0KDQ92: Diese internationale Kennung verrät uns mehr:

- »IE« zeigt, dass der ETF in Irland registriert ist. Das ist im Grunde interessant, aber nicht sonderlich relevant für die Auswahl.
- Die folgenden Zeichen sind eine einzigartige Kennung. Jeder Buchstabe und jede Ziffer ist wichtig für die eindeutige Identifikation.

Die wichtigsten Eigenschaften im Detail

Die meisten Eigenschaften dieses ETFs kennst du bereits. Lass uns dieses Wissen nochmal anhand des konkreten Beispiels festigen:

TER (Total Expense Ratio): 0,12 Prozent pro Jahr[51] – das sind nur 1,20 Euro jährliche Kosten für 1 000 Euro Investment. Diese niedrigen Kosten machen diesen ETF besonders attraktiv. Zum Vergleich: Aktiv verwaltete Fonds kosten oft zwischen 1,5 Prozent und 2,5 Prozent pro Jahr. Bei 10 000 Euro Investment sparst du also jedes Jahr zwischen 138 und 238 Euro an Gebühren im Vergleich zu teuren Fonds. Diese Kostenersparnis wirkt sich über die Jahre massiv auf deine Rendite aus. Nach 20 Jahren können das mehrere Tausend Euro Unterschied sein.

Thesaurierend: Die Dividenden der enthaltenen Werte werden automatisch reinvestiert, anstatt ausgeschüttet zu werden. Das bedeutet, du bekommst die Gewinne nicht ausgezahlt, sondern sie werden direkt wieder angelegt. Der Vorteil ist, dass du vom Zinseszinseffekt profitierst, da die reinvestierten Dividenden ebenfalls wieder Erträge erwirtschaften.

Physische Replikation: Die Abbildungsart ist »physisch optimiert«. Das bedeutet, dass der ETF tatsächlich jene Aktien kauft, die im Index enthalten sind. Im Gegensatz zu synthetischen ETFs, die über Tauschgeschäfte funktionieren, besitzt dieser ETF wirklich die echten Unternehmensanteile. Das »optimiert« bedeutet, dass nicht alle 1 500+ Aktien des Indizes gekauft werden, sondern eine repräsentative Auswahl, die die Indexentwicklung sehr genau nachbildet. Das reduziert

Transaktionskosten und macht den ETF effizienter, ohne die Qualität der Nachbildung zu beeinträchtigen.

Fondsgröße: 15,5 Milliarden Euro. Das ist die Summe, die Anleger:innen bisher in diesen ETF investiert haben, und untermauert das Vertrauen in den ETF. Eine große Fondsgröße hat mehrere Vorteile. Der Anbieter kann die Kosten niedrig halten, da so viele Menschen in den ETF investieren, dass er trotz niedriger Kosten mehr als genug verdient, was die TER niedrig hält. Außerdem ist das Risiko geringer, dass der ETF geschlossen wird. Das passiert meist nur bei sehr kleinen Fonds unter 50 Millionen Euro. Aber keine Sorge, in diesem Fall ist dein Geld natürlich nicht weg. Du musst dich in dem Fall dann lediglich für einen neuen ETF entscheiden. Bei der Größe des exemplarischen ETFs kannst du dir sehr sicher sein, dass er auch in 10 oder 20 Jahren noch existiert.

Auflagedatum: 22. Juli 2014. Das heißt, dass der ETF seit über 10 Jahren besteht und sich bewährt hat. Das ist wichtig, denn es zeigt, dass der ETF verschiedene Marktphasen durchlaufen hat: sowohl gute Jahre mit starken Gewinnen als auch schwierige Zeiten wie den Corona-Crash 2020. Ein über 10 Jahre alter ETF gilt als etabliert.

Merke dir:

- Jedes Wertpapier hat eine WKN (sechs Zeichen, nur in Deutschland) und eine ISIN (zwölf Zeichen, international).
- Die Buchstaben »I« und »O« kommen in WKNs nicht vor.
- Die ISIN beginnt immer mit einem Ländercode.
- Mit diesen Kennungen findest du weltweit das exakte Wertpapier.

Aktivität: Dein Investment-Detektiv-Spiel

Hier sind sechs Kennungen. Erkennst du, welche eine WKN und welche eine ISIN ist?

1. A1XB5U
2. DE0007164600
3. 840400
4. US0378331005
5. IE00BJ0KDQ92
6. 555750

Lösung:

A1XB5U → WKN des Xtrackers MSCI World UCITS ETF 1C.
DE0007164600 → ISIN von SAP SE Aktie (ISIN).
840400 → WKN der Allianz SE Aktie.
US0378331005 → ISIN von Apple Inc.
IE00BJ0KDQ92 → ISIN des Xtrackers MSCI World UCITS ETF 1C.
555750 →WKN der Deutsche Telekom Aktie.

Zusatzfrage: Zwei Fonds haben fast den gleichen Namen:
MSCI World UCITS ETF und MSCI World ESG Screened UCITS ETF

Wie stellst du sicher, dass du wirklich den richtigen kaufst?

Lösung: Du prüfst die WKN oder die ISIN.

Investiere in Anleihen

Anleihen: Der umgekehrte Kredit

Stell dir vor, dein Nachbar möchte sein Haus renovieren, aber ihm fehlen 10 000 Euro. Er fragt dich: »Kannst du mir das Geld leihen? Ich zahle dir jeden Monat 50 Euro Zinsen und nach 5 Jahren bekommst du deine 10 000 Euro komplett zurück.« Du überlegst: Das klingt fair, er ist zuverlässig und die Zinsen sind attraktiv. Genauso funktionieren auch Anleihen, nur dass nicht dein Nachbar, sondern Unternehmen oder Länder um dein Geld bitten.

Bei einer Anleihe verleihst du dein Geld für einen festgelegten Zeitraum. Im Gegenzug bekommst du regelmäßig Zinsen und am Ende dein komplettes Geld zurück. Diese regelmäßig gezahlten Zinsen nennen sich Coupon.

Es ist wie ein umgekehrter Kredit: Du bist die Bank und verleihst Geld an Unternehmen oder Staaten. Stell dir vor, du kaufst eine Anleihe für 1 000 Euro mit 5 Jahren Laufzeit und 3 Prozent Zinsen pro Jahr. Das bedeutet: 5 Jahre lang bekommst du jedes Jahr 30 Euro Zinsen ausgezahlt. Nach genau 5 Jahren erhältst du deine 1 000 Euro zurück. In diesem Beispiel hast du insgesamt 1 150 Euro erhalten.

Anleihen gibt es mit verschiedenen Laufzeiten, je nachdem, wie lange du dein Geld verleihen möchtest:

- **Kurze Laufzeit (1 bis 2 Jahre):** Du bekommst dein Geld schnell zurück und bleibst flexibel, erhältst aber meist niedrigere Zinsen.

- **Mittlere Laufzeit (5 bis 10 Jahre):** Ein guter Kompromiss zwischen Flexibilität und Zinsen.
- **Lange Laufzeit (20 bis 30 Jahre):** Du bekommst meist höhere Zinsen, musst aber länger auf dein Geld verzichten.

Der große Unterschied zu Aktien

Anleihen funktionieren grundlegend anders als Aktien. Bei Aktien kaufst du einen kleinen Teil eines Unternehmens und wirst Miteigentümer. Wenn das Unternehmen erfolgreich ist, steigt der Wert deiner Aktie. Wenn es schlecht läuft, kann sie auch fallen. Bei einer Anleihe hingegen leihst du dem Unternehmen oder Land nur Geld. Du wirst nicht Miteigentümer, sondern Kreditgeber.

Diese unterschiedlichen Rollen haben wichtige Konsequenzen: Wenn ein Unternehmen pleitegeht, müssen erst die Kreditgeber (also die Anleihenbesitzer) ihr Geld zurückbekommen, bevor die Eigentümer (Aktienbesitzer) etwas erhalten. Deshalb sind Anleihen in der Regel sicherer als Aktien, bieten aber auch niedrigere Gewinnchancen.

Aktien schwanken oft stark im Wert. An einem Tag können sie 10 Prozent steigen, am nächsten 15 Prozent fallen. Anleihen hingegen bewegen sich deutlich ruhiger. Diese Stabilität hat aber ihren Preis. Während Aktien langfristig etwa 7 bis 8 Prozent Rendite pro Jahr bringen können, sind es bei Anleihen oft nur 2 bis 4 Prozent.

Bei Aktien:	Bei Anleihen:
Du kaufst einen kleinen Anteil an einem Unternehmen.	Du verleihst Geld.
Der Wert schwankt täglich auf und ab und ist unvorhersehbar.	Du kennst die Zinsen bereits beim Kauf.
Du hoffst, dass das Unternehmen erfolgreicher wird, dadurch steigt der Wert deiner Aktie.	Du weißt genau, wann und wie viel Geld du zurückbekommst.

Anleihen als ETF kaufen: Einfacher geht's nicht

Du musst nicht einzelne Anleihen kaufen, das wäre viel zu kompliziert und teuer. Viel einfacher ist es, einen Anleihen-ETF zu kaufen. Ein Anleihen-ETF ist wie eine große Sammelbox voller verschiedener Kredite. Der ETF-Anbieter kauft für dich automatisch Anleihen von verschiedenen Kreditnehmern und du profitierst von allen Zinsen, die reinkommen. Der ETF macht also die ganze Arbeit für dich. Es handelt sich also um das gleiche Prinzip wie bei den bisher beschriebenen Aktien-ETFs.

Die wichtigste Info für dich bei Anleihen-ETFs:

Kann ich ETFs jederzeit verkaufen?
Du kannst einen Anleihen-ETF, unabhängig von den Laufzeiten der einzelnen Anleihen, jederzeit an der Börse verkaufen. Du bist also immer flexibel und nicht an die Laufzeiten gebunden.

Muss ich bei ETFs auf die Laufzeit achten?
Die verschiedenen Laufzeiten sind für die Zins-Chancen und Risiken des ETFs wichtig. Du bist bei Anleihen-ETFs aber nicht an die Laufzeit einzelner Anleihen gebunden, weil der ETF die einzelnen Wertpapiere automatisch austauscht, sobald sie fällig sind. Der ETF bleibt daher immer »frisch« und enthält immer Anleihen mit den passenden Laufzeiten der ETF-Strategie (zum Beispiel nur kurze, mittlere oder lange Anleihen).

Der ETF sammelt also alle Zinszahlungen »Coupons« der einzelnen Anleihen ein und gibt sie regelmäßig an dich weiter(bei ausschüttenden ETFs) oder legt sie wieder an (bei thesaurierenden ETFs).

So funktioniert das:

- Im ETF stecken viele Anleihen, jede mit ihrem eigenen Zinssatz (Coupon).
- Die Zinsen der einzelnen Anleihen werden im ETF gesammelt.

- Du bekommst diese Zinsen je nach ETF entweder ausgezahlt (ausschüttend) oder sie werden direkt wieder investiert (thesaurierend).
- Die Rendite setzt sich aus den Zinszahlungen und möglichen Kursgewinnen (wenn der Wert der Anleihen steigt) zusammen.

Merke dir:

- Anleihen sind Kredite, die du vergibst: Du verleihst dein Geld und bekommst dafür regelmäßig Zinsen plus dein Geld am Ende zurück.
- Du kannst Anleihen auch über einen ETF kaufen: Auch wenn du einen Anleihen-ETF jederzeit verkaufen kannst, profitierst du von den laufenden Zinsen, also den Coupons, und möglichen Kursgewinnen. Die Laufzeit und die Höhe der Coupons der enthaltenen Anleihen bestimmen, wie hoch deine Rendite im ETF ist.

Staatsanleihen: Wenn Länder dein Geld brauchen

Du weißt nun, wie Anleihen funktionieren. Du leihst Geld und bekommst dafür Zinsen. Staatsanleihen sind eine besondere Art der Anleihe und sind quasi Kredite an ganze Länder.

Deutschland braucht ständig frisches Geld. Nicht etwa, weil das Land pleite ist, sondern weil große Projekte anstehen: neue Autobahnen, Schulrenovierungen, Krankenhäuser oder die Energiewende. All das kostet Milliarden. Anstatt Steuern zu erheben, leiht sich Deutschland das Geld über Anleihen von Bürgern und zahlt es über Jahre zurück.

Deutschland gilt als einer der sichersten Schuldner weltweit. Das Land hat ein AAA-Rating, die beste Note, die es gibt. Das Rating funktioniert wie die SCHUFA bei deinem Wohnungsantrag. Es bewertet, wie zuverlässig jemand seine Schulden zurückzahlt. Deutschland hat seit über 150 Jahren seine Staatsschulden immer zurückgezahlt.

Das Rating-System verstehen

Stell dir das Rating wie Schulnoten vor, nur mit Buchstaben statt Zahlen:[52]

Sehr sicher (Investment Grade):

- AAA: Perfekt, wie eine 1+ (Deutschland, Schweiz, Norwegen)
- AA: Sehr gut, wie eine 1 (USA, Frankreich)
- A: Gut, wie eine 2 (Japan, Spanien)
- BBB: Befriedigend, wie eine 3 (Italien, Polen)

Riskant (Non-Investment Grade):

- BB: Ausreichend, wie eine 4 (Griechenland, Brasilien)
- B: Mangelhaft, wie eine 5 (Argentinien, Türkei)
- CCC und darunter: Ungenügend, wie eine 6 (Länder kurz vor der Pleite)

Die Grenze liegt bei BBB. Alles von BBB aufwärts gilt als »Investment Grade« und ist relativ sicher. Alles darunter wird als »Junk Bond« (Schrottanleihe) bezeichnet.

Diese Sicherheit kommt jedoch auch mit niedrigerer Rendite einher. Deutsche Staatsanleihen bieten niedrigere Zinsen als riskantere Länder. Während Argentinien vielleicht 10 Prozent Zinsen zahlen muss, bietet Deutschland nur 2 bis 3 Prozent. Die Faustregel lautet: Je besser das Rating, desto niedriger die Zinsen. Du bekommst für die hohe Sicherheit niedrigere Gewinne.

Merke dir:

- Staatsanleihen sind Kredite an Länder, die damit öffentliche Projekte finanzieren.
- Deutschland hat ein AAA-Rating und gilt als extrem sicher, zahlt aber niedrige Zinsen.

- Investment Grade (AAA bis BBB) ist sicher, Non-Investment Grade (BB und schlechter) ist riskant.
- Je besser das Rating, desto niedriger die Zinsen, aber desto sicherer ist dein Geld.
- Dein Geld finanziert Infrastruktur und öffentliche Projekte mit.

Aktivität: Länder-Rating verstehen

Du erkennst, warum verschiedene Länder unterschiedliche Zinsen zahlen müssen.

Hier sind fünf Länder mit ihren Staatsanleihe-Zinsen:

- **Deutschland:** 2,5 Prozent Zinsen, AAA-Rating (Investment Grade)
- **USA:** 4,2 Prozent Zinsen, AA-Rating (Investment Grade)
- **Italien:** 4,8 Prozent Zinsen, BBB-Rating (Investment Grade)
- **Griechenland:** 6,1 Prozent Zinsen, BB-Rating (Non-Investment Grade)[53]
- **Argentinien:** 12,5 Prozent Zinsen, B-Rating (Non-Investment Grade)[54]

Jetzt ordne zu:
Welches Land ist am sichersten? Welches am riskantesten?

Auflösung:

- Am sichersten: Deutschland (AAA-Rating) – deshalb nur 2,5 Prozent Zinsen
- Am riskantesten: Argentinien (B-Rating) – deshalb 12,5 Prozent Zinsen
- Reihenfolge von sicher zu riskant: Deutschland (AAA) → USA (AA) → Italien (BBB) → Griechenland (BB) → Argentinien (B)

- Investment Grade: Deutschland, USA, Italien (gelten als sicher)
- Non-Investment Grade: Griechenland, Argentinien (gelten als riskant)

Unternehmensanleihen: Mehr Zinsen, mehr Risiko

Du kennst bereits Anleihen und weißt, wie sicher Staatsanleihen sind. Aber was ist mit Unternehmensanleihen? Hier leihst du dein Geld nicht an Länder, sondern Firmen wie BMW, Siemens oder Apple. Du bekommst höhere Zinsen, gehst aber auch mehr Risiko ein.

Während Deutschland dein Geld für Straßen und Schulen nutzt, haben Unternehmen andere Pläne: neue Fabriken bauen, Maschinen kaufen, ins Ausland expandieren oder Konkurrenten übernehmen. BMW könnte mit deinem Geld eine neue Produktionslinie für Elektroautos finanzieren und Siemens ein Windkraftwerk in Texas bauen. Wenn du einer Firma Geld leihst, finanzierst du deren Wachstum mit. Du hilfst dabei, neue Arbeitsplätze zu schaffen und innovative Produkte zu entwickeln. Es ist wie bei deinem Nachbarn, der sich Geld für die Hausrenovierung leiht, nur eben in größerem Stil.

Warum zahlen Unternehmen mehr Zinsen als Staaten? Das Risiko ist höher. Während Deutschland praktisch nie pleitegeht, können Unternehmen durchaus scheitern. Erinnerst du dich an Wirecard? Das Unternehmen galt lange als Börsenstar und ist dann komplett zusammengebrochen.

Eine deutsche Staatsanleihe zahlt vielleicht 2,5 Prozent Zinsen, eine BMW-Anleihe dagegen 4 Prozent.[55] Diese 1,5 Prozent Unterschied sind deine Belohnung dafür, dass du das höhere Risiko eingehst.

Was passiert eigentlich, wenn eine Firma pleitegeht? Als Anleihenbesitzer:in stehst du in der Warteschlange vor den Aktionär:innen. Das bedeutet, dass erst du dein Geld zurückbekommst und danach die Aktienbesitzer:innen in der Rangfolge nachrücken. Oft bleibt für die Aktionär:innen nichts übrig, aber Anleihenbesitzer:innen erhalten immerhin einen Teil ihres Geldes zurück.

Wie bei Staatsanleihen kannst du auch Unternehmensanleihen als ETF kaufen. Ein Unternehmensanleihen-ETF bündelt Hunderte verschiedener Firmenanleihen. So verteilst du auch bei Anleihen dein Risiko. Wenn eine Firma pleitegeht, merkst du es kaum, weil du in so viele andere investiert bist.

Diese Sammlung ist besonders bei Unternehmensanleihen wichtig. Während Länder selten pleitegehen, passiert das bei Firmen öfter. Durch die breite Streuung schützt du dich vor einzelnen Ausfällen.

Merke dir:

- Unternehmensanleihen zahlen höhere Zinsen als Staatsanleihen, sind aber riskanter.
- Unternehmen nutzen das Geld für Expansion, neue Maschinen und Übernahmen.
- Bei Insolvenz stehen Anleihenbesitzer:innen vor Aktionär:innen in der Warteschlange.
- Sammelfonds verteilen das Risiko auf viele verschiedene Unternehmen.
- Du hilfst beim Wachstum von Firmen und der Schaffung von Arbeitsplätzen mit.

Aktivität: Das Unternehmensanleihen-Quiz

Beantworte das Quiz und prüfe, ob du die Inhalte verstanden hast.

1. **BMW möchte eine neue Fabrik in Amerika bauen und braucht 2 Milliarden Euro. Womit finanziert das Unternehmen dieses Projekt am wahrscheinlichsten?**
   - ☐ A) Mit Steuergeldern vom deutschen Staat.
   - ☐ B) Mit einer Unternehmensanleihe (Kredit von Anleger:innen).
   - ☐ C) Mit Geld aus der Portokasse.

2. **Wirecard war ein deutsches Unternehmen, das 2020 pleiteging.**[56] **Was passierte mit den Menschen, die Wirecard-Anleihen besaßen?**
   - ☐ A) Sie bekamen ihr komplettes Geld zurück.
   - ☐ B) Sie verloren alles, genau wie die Aktionär:innen.
   - ☐ C) Sie bekamen einen Teil ihres Geldes zurück, bevor die Aktionär:innen etwas erhalten haben.

3. **Du kaufst einen Unternehmensanleihen-ETF mit 500 verschiedenen Firmen. Eine davon geht pleite. Was passiert mit deinem Investment?**
   - ☐ A) Du verlierst alles.
   - ☐ B) Du merkst es kaum, weil die anderen 499 Firmen dein Risiko abfedern.
   - ☐ C) Der komplette ETF wird geschlossen.

(Die Auflösung findest du im Anhang auf S. 222)

Das 60/40-Portfolio: Balance zwischen Chance und Sicherheit

Du kennst jetzt sowohl Aktien als auch Anleihen und du weißt, dass Aktien meist mehr Gewinnchancen bieten, aber auch stärker schwanken. Du verstehst, dass Anleihen sicherer sind, aber weniger Rendite bringen. Jetzt kommt die große Frage: Wie kombinierst du beide optimal? Das 60/40-Portfolio ist die Antwort darauf und gilt seit Jahrzehnten als eine der bekanntesten Strategien. Das 60/40-Portfolio ist denkbar einfach: 60 Prozent des Geldes fließen in Aktien und 40 Prozent in Anleihen. Stell dir vor, jemand investiert 1 000 Euro. Dann würden 600 Euro in einen Aktien-ETF und 400 Euro in einen Anleihen-ETF fließen.

Die 60 Prozent Aktienanteil sorgen dafür, dass das Geld langfristig wächst. Die 40 Prozent Anleihen-Anteil dämpfen die Schwankungen und geben Ruhe in stürmischen Zeiten.

Das Portfolio passt zu dir, wenn:

- Du zum ersten Mal investierst und dir unsicher bist.
- Du nachts ruhig schlafen möchtest, auch wenn die Börse schwankt.
- Du eine solide Grundlage für dein Vermögen schaffen willst.

Du musst nicht für immer bei 60/40 bleiben. Es kann dein Startpunkt sein. Wenn du mehr Erfahrung sammelst und mutiger wirst, kannst du deine Mischung anpassen.

Merke dir:

- 60 Prozent Aktien, 40 Prozent Staatsanleihen: Diese Mischung kombiniert Wachstum mit Stabilität und hat sich über Jahrzehnte bewährt.
- Wenn eine Anlageform fällt, steigt oft die andere – das macht dein Portfolio ruhiger

Aktivität: Portfolio-Vergleich verstehen

Du verstehst die Unterschiede zwischen verschiedenen Portfolio-Aufteilungen und deren Auswirkungen in verschiedenen Szenarien.

Szenario: Drei Freunde haben unterschiedliche Strategien mit 10 000 Euro

Anna: 100 Prozent Aktien-ETF (10 000 Euro)
Ben: 60/40-Portfolio (6 000 Euro Aktien, 4 000 Euro Anleihen)
Clara: 100 Prozent Anleihen-ETF (10 000 Euro)

Frage 1: Finanzkrise-Szenario
Es kommt eine Krise: Aktien fallen um 30 Prozent, Anleihen steigen um 2 Prozent. Wer hat am Ende wie viel?
☐ A) Anna: 7 000 Euro, Ben: 8 280 Euro, Clara: 10 200 Euro
☐ B) Anna: 8 000 Euro, Ben: 9 000 Euro, Clara: 10 000 Euro
☐ C) Alle haben gleich viel verloren.

Frage 2: Boom-Szenario
Aktien steigen um 25 Prozent, Anleihen bleiben stabil (0 Prozent). Wer profitiert am meisten?
☐ A) Anna profitiert am meisten, Clara gar nicht.
☐ B) Alle profitieren gleich.
☐ C) Ben profitiert am meisten.

Frage 3: Was ist der Hauptvorteil des 60/40-Portfolios?
☐ A) Höchste Rendite in allen Situationen.
☐ B) Balance zwischen Wachstum und Stabilität.
☐ C) Schutz vor jeglichen Verlusten.

(Die Auflösung findest du im Anhang auf S. 223)

Suche dir die passenden ETFs aus

Folge diesem QR-Code, um unsere Excel Vorlage mit vorausgewählten ETFs herunterzuladen. Suche die passenden Anleihen- und Aktien-ETFs heraus und stelle dein persönliches 60/40-Portfolio mit konkreten ETFs zusammen.

Investiere in Anleihen

Folge den Anweisungen im Annex »Depot eröffnen«, falls du noch kein Depot hast. In den meisten Fällen kannst du bereits nach wenigen Minuten dein erstes Investment machen. Starte gerne mit einer kleinen Summe, wie 50 Euro, um Selbstbewusstsein zu gewinnen.

Personalisiere deine Investments

Branchen und Megatrends: Fokus setzen

Lisa arbeitet als Grafikdesignerin und erlebt täglich, wie künstliche Intelligenz (KI) ihre Branche verändert. Tools wie ChatGPT und DALL-E revolutionieren kreative Prozesse. Während viele Kolleg:innen Angst vor der Technologie haben, sieht Lisa die enormen Chancen. Sie ist überzeugt, dass KI die Welt verändern wird, und möchte an diesem Wandel teilhaben. Aber, in welches der KI-Unternehmen sollte sie investieren? Nvidia, Microsoft, Google oder ein Start-up, das sie nicht kennt? Stattdessen entschied sich Lisa für einen KI-ETF. Mit einem einzigen Investment ist sie jetzt an allen wichtigen KI-Unternehmen weltweit beteiligt, von Chip-Herstellern über Software-Entwickler bis hin zu Robotik-Firmen.

Stell dir vor, du könntest mit deinem Geld direkt an den spannendsten Entwicklungen unserer Zeit teilhaben. Ganz egal, ob es dabei um neue Technologien, Gesundheit, Klimaschutz oder Digitalisierung geht. Die Wirtschaft ist voll von großen Themen und richtungsweisenden Branchen. Dazu zählen zum Beispiel die Technologiewelt, die Banken und Versicherungen oder auch alles rund um Medizin und Gesundheit.

Vielleicht arbeitest du selbst in einer bestimmten Branche und bekommst hautnah mit, wie sich alles verändert. Oder du verfolgst einfach aufmerksam die Nachrichten und merkst, dass künstliche Intelligenz und erneuerbare Energien immer wichtiger werden, und du möchtest gern von diesen Entwicklungen profitieren, ohne dich auf ein einzelnes Unternehmen festlegen zu müssen.

Bisher hast du gelernt, dass du mit ETFs in viele verschiedene Länder und Branchen investieren kannst. Der MSCI World war unser Paradebeispiel mit 1 500 Unternehmen aus 23 Ländern und 11 Branchen. Gleichzeitig gibt es aber auch ETFs, die sich nur auf einzelne Branchen oder spezielle Themen konzentrieren.

Branchen-ETFs investieren in alle Unternehmen einer bestimmten Wirtschaftsbranche. Bekannte Branchen sind beispielsweise Telekommunikation, Finanzen, Tourismus, Industrie, Metall und Energie. Zum Beispiel:

- **Technologie-ETF:** Investiert in alle großen Tech-Unternehmen
- **Gesundheits-ETF:** Investiert in Pharma-Firmen, Medizintechnik und Biotechnologie
- **Finanz-ETF:** Investiert in Banken, Versicherungen und Finanzdienstleister

Themen-ETFs konzentrieren sich auf bestimmte Zukunftstrends, die mehrere Branchen betreffen können. Bei Themen-ETFs konzentriert man sich nicht auf eine bestimmte Branche oder Region, sondern setzt auf ein konkretes nachhaltiges Thema. Das kann beispielsweise sein:

- **Künstliche Intelligenz:** KI-ETFs umfassen eine Vielzahl von Branchen, darunter Technologie, Gesundheitswesen, Industrie und Finanzwesen, und profitieren von der breiten Anwendung von KI.
- **Nachhaltige Energie:** Solarenergie, Windkraft, Wasserstoff
- **Cybersicherheit:** Unternehmen, die uns vor Hackerangriffen schützen
- **Gaming und E-Sports:** Die Gaming-Industrie und professionelle Videospiele

Der entscheidende Unterschied zur Diversifikation

Themen- und Branchen-ETFs konzentrieren sich auf einen bestimmten Bereich, zum Beispiel nur auf Technologie-Unternehmen oder nur auf nachhaltige Energie. Dadurch investieren sie in deutlich weniger

Unternehmen und Branchen als breite Welt-ETFs wie der MSCI World. Diese geringere Streuung führt zu einem höheren Risiko. Wenn die jeweilige Branche oder das Thema schlecht läuft, wirkt sich das direkt und stark auf den gesamten ETF aus. Bei einem breiten Welt-ETF können schlechte Entwicklungen in einer Branche durch gute Entwicklungen in anderen Branchen ausgeglichen werden. Bei einem Themen-ETF ist dieser Ausgleich nicht möglich, da alle Unternehmen im ETF vom gleichen Trend betroffen sind. Themen- und Branchen-ETFs sind daher gekennzeichnet von:

- **Weniger Branchen-Streuung:** Ein KI-ETF investiert hauptsächlich in Tech-Unternehmen.
- **Weniger Länder-Streuung:** Viele Themen-ETFs sind stark auf die USA fokussiert.
- **Weniger Unternehmens-Streuung:** Statt 1 500 Unternehmen wie im MSCI World enthält ein Themen-ETF oft nur 30 bis 100 Unternehmen.

Themen- und Branchenfonds sind eine tolle Möglichkeit, um persönliche Überzeugungen im Depot abzubilden. Sie passen aber am besten als Ergänzung zu einer stabilen Basis, nicht als alleiniges Fundament. Branchen-ETFs sind eine sehr persönliche Beimischung zu deinem Portfolio. Die entscheidende Frage ist: An welche Zukunftstrends glaubst du wirklich?

Mögliche Gründe für eine Branchen-Beimischung:

- **Du arbeitest in der Branche:** Vielleicht bist du im Bereich Softwareentwicklung tätig und siehst täglich, wie KI die Programmierung revolutioniert. Oder du arbeitest im Gesundheitswesen und erlebst, wie Biotechnologie Leben rettet. Dein Insider-Wissen könnte dir einen Vorteil geben.
- **Du hast eine starke Überzeugung:** Du bist überzeugt, dass Elektroautos die Zukunft sind? Dass Cybersicherheit immer wichtiger wird? Dass Gaming zur Hauptunterhaltung wird? Dann könntest du diese Überzeugung auch in deinem Portfolio widerspiegeln.

- **Du siehst langfristige Trends:** Du erkennst große Entwicklungen für die Zukunft, zum Beispiel die alternde Gesellschaft (Gesundheits-ETF), den Klimawandel (ETF für erneuerbare Energien) oder die Digitalisierung (Technologie-ETFs). Welche Megatrends werden deiner Meinung nach in den nächsten 20 Jahren unsere Welt prägen?

Merke dir:

- Branchen-ETFs konzentrieren sich auf einzelne Branchen oder Themen statt auf viele verschiedene.
- Branchen-ETFs bieten ***nicht*** die Diversifikation, die du von breit gestreuten ETFs kennst.
- Es ist eine sehr persönliche Entscheidung: An welche Trends glaubst du wirklich?
- Du kannst auf deine Überzeugungen setzen, ohne einzelne Unternehmen auswählen zu müssen.

Aktivität: Finde deine persönlichen Branchen-ETFs

Du kennst jetzt den Unterschied zwischen diversifizierten ETFs und fokussierten Branchen-ETFs. Nun ist es Zeit herauszufinden, welche Branchen zu deinen Überzeugungen passen.

Schritt 1: Deine Überzeugungen reflektieren

In dem Dokument mit der ETF-Übersicht findest du Branchen- und Themen-ETFs. Folge diesem QR-Link, falls du das Excel-Dokument noch nicht heruntergeladen hast.

Diese Excel-Liste hilft dir dabei:

- Deine persönlichen Interessen und Überzeugungen zu identifizieren,
- Passende Branchen-ETFs zu finden,
- Zu entscheiden, wie viel Prozent deines Portfolios du in welche Branche investieren möchtest.

Schritt 2: ETFs vergleichen und auswählen

In der Excel-Liste findest du:

- Branchen-ETFs mit ISIN und Namen,
- Kosten (TER) im Vergleich.

Schritt 3: Bewusste Entscheidung treffen

Beantworte mit der Liste ehrlich:

- Warum glaube ich an diese Branche?
- Verstehe ich die Risiken?

Schritt 4: Start mit Bedacht

- Beginne mit deinem diversifizierten Kern (MSCI World et cetera).
- Füge langsam deine Branchen-Überzeugungen hinzu.
- Starte mit kleinen Beträgen (25 bis 50 Euro/Monat pro Branchen-ETF).

Gold, Öl und Co.: Das Gegengewicht

Elena erinnert sich noch gut an den Tankstellen-Schock vom Frühjahr 2022. An der Tankstelle leuchteten plötzlich Zahlen auf, die sie nicht glauben konnte: Der Spritpreis war binnen weniger Wochen von 1,60 Euro auf über 2,10 Euro pro Liter gestiegen. Der Ukraine-Krieg hatte die Ölpreise in die Höhe getrieben. Während Elena beim Tanken tief in die Tasche greifen musste, freute sich ihre Kollegin Elena. Sie hatte ein Jahr zuvor einen kleinen Teil ihres Geldes in einen Rohstoff-ETF investiert, der auch Öl enthielt. Das Plus in ihrem Anlagekorb federte ihre gestiegenen Tankkosten ab.

Rohstoffe sind die Grundbausteine unserer Wirtschaft. Sie stecken in fast allem, was wir täglich nutzen. Im Smartphone stecken seltene Metalle, im Auto Stahl und Kupfer, im Kaffee Agrarrohstoffe. Die wichtigsten Kategorien sind Öl, Kohle und Gas, Metalle wie Kupfer, Aluminium und Zink, Agrarrohstoffe wie Weizen, Mais und Zucker sowie Edelmetalle wie Gold, Silber und Platin.

Rohstoffpreise werden im Wesentlichen durch Unsicherheiten am Markt wie Krieg oder Pandemie, Lieferprobleme und extreme Wetterverhältnisse beeinflusst. Das erklärt, warum die Preise oft stark schwanken. Gleichzeitig bieten Rohstoffe einen wichtigen Vorteil. Denn Rohstoffe und Aktien entwickeln sich oft in gegensätzliche Richtungen. Wenn Aktien fallen, steigen die Rohstoffpreise manchmal. Das ist gut für deine Risikostreuung.

Der Grund dafür ist, dass sich schlechte Nachrichten unterschiedlich auf Aktien und Rohstoffe auswirken.

Beispiel Wirtschaftskrise:

- Die Aktien im MSCI World fallen, weil Unternehmen weniger Gewinn machen.
- Gleichzeitig kaufen Menschen Gold als »sicheren Hafen«, weil sie Angst haben.
- Resultat: Der MSCI World entwickelt sich negativ, der Goldpreis positiv.

Beispiel Krieg oder Krise:

- Die Aktien fallen wegen Unsicherheit.
- Die Öl- und Gaspreise steigen wegen Lieferproblemen.
- Resultat: Der MSCI World entwickelt sich negativ, die Energierohstoffe positiv.

Beispiel Inflation:

- Die Aktien leiden unter den Zinsen, die während Inflationsphasen hoch sind.
- Die Rohstoffpreise steigen mit der Inflation.
- Resultat: Der MSCI World bleibt stabil, die Rohstoffe entwickeln sich positiv.

Wenn du sowohl einen MSCI World ETF als auch Rohstoff-ETFs besitzt, können die Rohstoffe deine Verluste bei Aktien teilweise ausgleichen. Deine gesamten Investments schwanken dann weniger stark.

Du könntest natürlich auch Goldbarren kaufen und zu Hause lagern oder dich um die Lagerung von Ölfässern kümmern. Das wäre jedoch ziemlich unpraktisch und teuer. Rohstoff-ETFs hingegen bieten einen vereinfachten Zugang zu Rohstoffmärkten, die sonst durch physischen Kauf schwer zugänglich wären.

Merke dir:

- Rohstoffe spielen überall in unserem Leben eine Rolle, von Energie über Metalle bis hin zu Nahrungsmitteln.
- Sie können als Schutz gegen Inflation und steigende Alltagskosten dienen.
- Rohstoff-ETFs ermöglichen einen einfachen Zugang ohne die physische Lagerung von Öl oder Gold.

Aktivität: Baue dein eigenes Allwetter-Portfolio nach Ray Dalio auf

Das Vorhaben, Aktien, Anleihen und Rohstoffe in ein Portfolio zu packen, kann überwältigend sein. Das Allwetter-Portfolio von Ray Dalio stellt dafür eine ausgewogene Lösung bereit.

Ray Dalio ist einer der bekanntesten Investor:innen der Welt. Er gründete Bridgewater Associates, den größten Hedgefonds der Welt, und entwickelte das Allwetter-Portfolio. Dalios Ansatz war simpel: Statt zu raten, ob Aktien steigen oder fallen, baute er ein Portfolio, das in allen wirtschaftlichen Situationen funktionieren soll. Egal ob Inflation, Deflation, Wirtschaftswachstum oder Rezession, das Portfolio ist darauf ausgelegt, stabil zu bleiben.

Schritt 1: Das Allwetter-Portfolio verstehen

Das Ray Dalio Allwetter-Portfolio besteht aus:

- 30 Prozent Aktien,
- 55 Prozent Anleihen (Staatsanleihen),
- 15 Prozent Rohstoffen.

Dieses Portfolio soll »bei jedem Wetter«, also sowohl in guten als auch in schlechten Marktphasen, eine stabile Entwicklung zu zeigen.

Schritt 2: Deine Portfolio-Planung

Falls du unsere Excel-Vorlage noch nicht heruntergeladen hast, kannst du nun diesem QR-Code folgen. Das Dokument beinhaltet auch das Ray Dalio Allwetter-Portfolio:

In dieser Tabelle kannst du:

- Dein Anlageziel und Budget eingeben.
- Konkrete ETF-Vorschläge für jede Anlageklasse sehen.
- Deine monatlichen Sparraten auf die verschiedenen ETFs aufteilen.

Schritt 3: Deine Entscheidung treffen

Beantworte in der Excel-Tabelle:

- Welcher Betrag soll monatlich investiert werden?
- Welche konkreten ETFs wählst du für jede Anlageklasse?

Immobilien: Mit ETFs statt Eigenheim

Marco träumt schon lange vom Eigenheim. Doch als er anfängt zu rechnen, kommt die Ernüchterung, denn eine Wohnung in München kostet 800 000 Euro. Mit seinem Eigenkapital von 200 000 Euro bräuchte er einen Kredit über 600 000 Euro, das bedeutet monatliche Raten von circa 2 800 Euro über 30 Jahre. Dazu kämen noch 80 000 Euro Nebenkosten beim Kauf. Sein ganzes Vermögen und seine finanzielle Zukunft wären an ein einziges Objekt gebunden. Stattdessen entscheidet sich Marco für einen anderen Weg. Er investiert monatlich in einen Immobilien-ETF. Heute besitzt er Anteile an über 300 Immobilienunternehmen weltweit, von Bürotürmen in New York über Einkaufszentren in Tokio bis hin zu Logistikzentren in Europa. Es gibt also mehr als einen Weg, um vom Immobilienboom zu profitieren. Man muss nicht selbst eine Immobilie kaufen, um am Immobilienmarkt teilzuhaben.

Wie du bereits gemerkt hast, kannst du mit ETFs in eine Vielzahl von unterschiedlichen Dingen investieren. Von Aktien über Anleihen bis hin zu Rohstoffen. Genauso gibt es auch Immobilien-ETFs. Sie bündeln Aktien von Firmen aus der Immobilienbranche, etwa Betreiber von Bürogebäuden, Einkaufszentren oder Logistikparks. Das funktioniert genauso einfach wie bei anderen ETFs. Als Anleger:in investierst du mit zwei Klicks in einen ETF.

In einem Immobilien-ETF findest du verschiedene Typen von Unternehmen:

- **Büroimmobilien:** Unternehmen, die Büroflächen an andere Firmen vermieten;

- **Wohnimmobilien:** Firmen, die Wohnungen und Häuser vermieten;
- **Handelsimmobilien:** Betreiber von Einkaufszentren und Geschäften;
- **Logistikimmobilien:** Besitzer von Lagerhallen für Online-Handel (wie Amazon);
- **Gesundheitsimmobilien:** Betreiber von Krankenhäusern, Pflegeheimen, Arztpraxen;
- **Spezialimmobilien:** Besitzer von Datenzentren, Sendemasten, Hotels.

Ein zentrales Element von Immobilien-ETFs sind sogenannte REITs. REIT steht für »Real Estate Investment Trust« und bezeichnet spezielle Immobilien-Investmentgesellschaften, die Hotels, Büros, Wohnungen und andere Immobilien kaufen und verwalten. Als Anleger:in kannst du entweder:

- direkt Anteile an einem einzelnen REIT an der Börse kaufen oder
- über einen ETF investieren, welcher wiederum in viele verschiedene REITs investiert.

Der ETF-Anbieter bündelt dein Geld und legt es breit gestreut in zahlreiche REITs an. So kannst du einfach und bequem am Immobilienmarkt teilhaben, ohne einzelne Unternehmen aussuchen zu müssen.

Eigenheim	Immobilien-ETF
Hohes Startkapital	Ab 1 Euro möglich
Eine Immobilie = hohes Risiko	>300 Immobilien = gestreutes Risiko
Zeitintensiver Verkauf	Täglich verkaufbar
Nur lokal	Weltweit
Verwaltungsaufwand/ Reparaturen et cetera	Kein Aufwand
Steuervorteile nach 10 Jahren	Immer steuerpflichtig

Immobilien-ETFs versus Eigenheim: Der Vergleich

Merke dir:

- Mit Immobilien-ETFs kannst du in Immobilien investieren, ohne selbst eine Immobilie zu kaufen.
- Du kannst ab 1 Euro in einen Immobilien-ETF investieren und jederzeit verkaufen.
- Du investierst gleichzeitig in Hunderte verschiedene Immobilienunternehmen weltweit.

Aktivität: Baue dein eigenes »Multi-Anlageklassen«-Portfolio auf

Du hast nun alle wichtigen Anlageklassen kennengelernt: Aktien aus Industrieländern, Schwellenländer-Aktien, Anleihen, Rohstoffe und jetzt auch Immobilien. Das ist die perfekte Basis, um sich ein Portfolio aufzubauen, welches alle wichtigen Anlageklassen umfasst.

Schritt 1: In multiple Anlageklassen investieren

Die folgenden Richtlinien können dir als Orientierung dienen, wie eine ausgewogene Aufteilung aussehen kann.

Beispielhafte Aufteilung:

- 30–50 Prozent Aktien von Industrieländern (zum Beispiel MSCI World) und Schwellenländern (zum Beispiel MSCI Emerging Markets),
- 30–40 Prozent Anleihen (Staatsanleihen),
- 5–10 Prozent Rohstoffe (breit gestreut),
- 5–10 Prozent Immobilien (REIT-ETFs).

Dieses Portfolio wurde entwickelt, um langfristig alle Marktphasen zu überstehen und trotzdem gute Renditen zu erzielen.

Schritt 2: Deine Portfolio-Planung

Falls du unsere Excel-Vorlage noch nicht heruntergeladen hast, kannst du nun diesem QR-Code folgen. Das Dokument beinhaltet eine konkrete Übersicht für das Portfolio.

In dieser Tabelle kannst du:

- Dein Anlageziel und Budget eingeben,
- Konkrete ETF-Vorschläge für alle Anlageklassen sehen,
- Deine monatlichen Sparraten intelligent auf die ETFs aufteilen.

Schritt 3: Deine Profi-Entscheidungen treffen

Beantworte in der Excel-Tabelle:

- Welcher Betrag soll monatlich investiert werden?
- Welche konkreten ETFs wählst du für jede der fünf Anlageklassen?

Schritt 4: Den ersten Schritt machen

Solltest du zu diesem Zeitpunkt immer noch kein Investment gemacht haben, ist es nun wirklich an der Zeit. Du hast alle wichtigen Anlageklassen kennengelernt und weißt im Detail, wie man sich einen ETF aussucht. Eröffne nun dein Depot mithilfe der Schritt-für-Schritt-Anleitung im Anhang. Wenn du nicht direkt in alle Anlageklassen investieren willst, kannst du auch erst mal nur mit dem größten Baustein starten (z. B. MSCI World).

Am Ende dieser Aufgabe hast du eines der anerkanntesten Portfolios aufgebaut. Du bist jetzt über alle wichtigen Anlageklassen hinweg diversifiziert.

Investiere nachhaltig

Dein Geld kann Gutes bewirken

Wusstest du, dass nicht nur Recycling einen Einfluss auf die Umwelt hat? Auch mit deiner Geldanlage kannst du einen Unterschied machen. Indem du in nachhaltige Unternehmen investierst, unterstützt du diese finanziell und ermöglichst ihr Wachstum. Gleichzeitig profitierst du selbst von deren Erfolg. Es entsteht ein positiver Kreislauf: Dein Kapital fördert grüne Firmen beim Expandieren und ihr Erfolg lässt auch dein Vermögen wachsen.

Die Zahlen sprechen eine klare Sprache. Nachhaltige Investments sind längst keine Nische mehr und schon gar kein finanzieller Kompromiss. Nachhaltige Geldanlagen schneiden langfristig mindestens genauso gut, oft sogar besser ab als klassische Anlagen. Der MSCI World ESG Screened Index, die nachhaltige Version des bekannten Weltaktienindex, hat über die letzten fünf Jahre sogar 13,69 Prozent Rendite pro Jahr erzielt und damit etwas besser abgeschnitten als der klassische MSCI World Index mit knapp 13,4 Prozent.[57]

Das Geheimnis liegt darin, dass Unternehmen, die verantwortungsbewusst wirtschaften, oft zukunftsfähiger aufgestellt sind. Sie denken langfristig, gehen bewusster mit Risiken um und sind besser vorbereitet, wenn sich die Regeln ändern. Wenn zum Beispiel neue Umweltgesetze kommen, sind diese Firmen manch anderen schon einen Schritt voraus.

Mit nachhaltigen Investments lenkst du dein Geld also gezielt zu Unternehmen, die Verantwortung übernehmen. Das können Firmen sein, die saubere Energie produzieren, faire Löhne zahlen oder transparent geführt werden. Gleichzeitig fließt dein Geld nicht in Unternehmen, die Waffen herstellen, Kinderarbeit dulden oder die Umwelt stark belasten. Diese Art zu investieren orientiert sich oft an sogenannten ESG-Kriterien. Das bedeutet: Environmental (Umwelt), Social (Soziales) und Governance (Unternehmensführung). Konkret prüfen diese Kriterien, ob Unternehmen klimafreundlich wirtschaften, ehrlich geführt werden und ihre Mitarbeitenden fair behandeln.

Die Nachfrage nach nachhaltigen Geldanlagen explodiert förmlich. In Deutschland ist das verwaltete Vermögen nachhaltiger ETFs von 0,05 Milliarden Euro in 2014 auf 214 Milliarden Euro in 2023 gestiegen. Das ist ein Anstieg um das 4 280-Fache, was zeigt, dass immer mehr Menschen mit ihrem Geld etwas bewirken wollen.[58]

So funktioniert dieser Win-win-Effekt: Wenn du in einen nachhaltigen ETF investierst, fließt dein Geld an Unternehmen, die zum Beispiel Windkraftanlagen bauen oder faire Kleidung produzieren. Diese Firmen können mit deinem und dem Geld anderer Anleger:innen expandieren, neue Technologien entwickeln und mehr Menschen beschäftigen. Ihr Erfolg spiegelt sich dann in steigenden Aktienkursen wider und davon profitierst du direkt.

Merke dir:

- Nachhaltige Investments bringen oft genauso gute oder bessere Renditen als herkömmliche Anlagen.
- Mit deinem Geld unterstützt du Unternehmen, die verantwortlich wirtschaften.
- Der Markt für nachhaltige Geldanlagen wächst rasant und zeigt eine starke Performance.
- Du musst dich nicht zwischen Rendite und Werten entscheiden.
- Dein Investment hilft nachhaltigen Firmen beim Wachsen und du profitierst von ihrem Erfolg.

Aktivität: Deine Werte-Rendite-Checkliste

Erstelle deine persönliche Prioritätenliste für nachhaltige Investments.

Welche Themen sind dir besonders wichtig? (mehrere ankreuzen)

☐ Klimaschutz und saubere Energie
☐ Faire Arbeitsbedingungen
☐ Keine Kinderarbeit
☐ Tierschutz
☐ Transparente Unternehmensführung
☐ Gleichberechtigung
☐ Andere: ________________

Von welchen Branchen möchtest du dich fernhalten? (mehrere ankreuzen)

☐ Waffenproduktion
☐ Tabak
☐ Glücksspiel
☐ Alkohol
☐ Fossile Brennstoffe (Öl, Gas, Kohle)
☐ Andere: ________________

Was ist dir wichtiger?

☐ Maximum an Nachhaltigkeit, auch bei etwas geringerer Rendite
☐ Ausgewogene Mischung aus Rendite und Nachhaltigkeit
☐ Höchstmögliche Rendite mit leichtem Nachhaltigkeitsfilter

ESG und SRI: Die verschiedenen Grüntöne beim Investieren

Stell dir vor, du stehst im Supermarkt vor dem Regal mit Bio-Produkten. Dort findest du verschiedene Siegel wie zum Beispiel EU-Bio, Demeter oder Naturland. Alle stehen für einen nachhaltigen Anbau, aber mit unterschiedlich strengen Regeln. Genauso ist es bei nachhaltigen Investments, denn hier gibt es ESG und SRI als die wichtigsten Kennzeichen, beide bedeuten nachhaltig, aber mit unterschiedlichen Ansätzen.

ESG steht für Environmental (Umwelt), Social (Soziales) und Governance (Unternehmensführung). Diese Investments schauen darauf, ob Unternehmen klimafreundlich wirtschaften, ihre Mitarbeitenden fair behandeln und ehrlich geführt werden. ESG wird oft locker ausgelegt, meist werden nur die Unternehmen ausgeschlossen, die besonders negativ auffallen. Das erkennst du auch an den Zahlen. Wenn wir uns zum Beispiel den ESG S&P 500-Index anschauen, wird dies deutlich. Die Aktien in diesem ETF sind immer noch sehr ähnlich zu den ursprünglichen Aktien im S&P 500. Darüber hinaus ist auch die Renditeerwartung der beiden ETFs sehr ähnlich. ESG-ETFs sind also wie eine leichte Filterung. Sie akzeptieren immer noch die meisten Unternehmen und sortieren lediglich jene aus, die wirklich gar keine oder wenig ESG-Kriterien einhalten.

SRI steht für Socially Responsible Investing, also sozial verantwortliches Investieren. Diese ETFs gehen einen Schritt weiter. SRI-Investments konzentrieren sich auf »sozial verantwortliche Produkte« und schließen zusätzliche Geschäftsmodelle, wie genetisch veränderte Organismen, aus. SRI-ETFs sind somit strenger als ESG-ETFs. Ein SRI-ETF macht mindestens das Gleiche wie ein ESG-Fonds, schließt darüber hinaus aber noch weitere Themen aus. Wenn ESG der hellgrüne Ansatz ist, dann ist SRI der dunkelgrüne Ansatz.

Stell dir vor, du hast 1 000 Unternehmen aus aller Welt und willst daraus die nachhaltigen Unternehmen auswählen. Je nach Ansatz funktioniert das so:

ESG-Screened – der grobe Filter: Du nimmst deine 1 000 Unternehmen und entfernst nur die offensichtlich problematischen Branchen:

- Waffenhersteller,
- Tabakunternehmen,
- Glücksspielkonzerne,
- Fertig!

Am Ende bleiben dir etwa 900 Unternehmen übrig. Die Auswahl sieht fast genauso aus wie vorher, nur die äußerst problematischen Firmen sind eliminiert.

SRI – der gründliche Filter: Du gehst viel strenger vor und filterst in mehreren Stufen:

- **Stufe 1**: Erst machst du dasselbe wie bei ESG: Raus mit Waffen, Tabak, Glücksspiel.
- **Stufe 2:** Dann schaust du dir jedes einzelne verbliebene Unternehmen genau an. Wie umweltfreundlich arbeitet es? Wie fair behandelt es die Mitarbeitenden? Wie transparent wird es geführt?
- **Stufe 3:** Du behältst nur die besten 25 Prozent aus jeder Branche.

Am Ende bleiben dir nur etwa 250 Unternehmen von den ursprünglichen 1 000 übrig. Diese sind aber wirklich die saubersten ihrer jeweiligen Branche.

Ein Beispiel aus der Praxis wäre der klassische Welt-Index MSCI World, dieser enthält etwa 1 500 Unternehmen. Nach dem ESG-Screened-Filter sind es immer noch rund 1 200 Unternehmen. Nach dem strengeren SRI-Filter bleiben nur noch etwa 400 Unternehmen übrig.

Entgegen vieler Befürchtungen zeigen die Daten, dass beide Ansätze finanziell erfolgreich sein können. Die Performance wird häufig stärker von Marktzyklen als vom Grad der Nachhaltigkeit beeinflusst. In manchen Jahren erzielen strengere SRI-Fonds bessere Ergebnisse, in anderen Jahren entwickeln sich die flexibleren ESG-Varianten stärker.

Merke dir:

- ESG filtert hauptsächlich die schlimmsten Unternehmen heraus und bleibt nah am ursprünglichen Index.
- SRI geht deutlich weiter und schließt viel mehr Branchen und Geschäftsmodelle aus.
- SRI-Fonds sind strenger als ESG-Fonds, beide können aber gute Renditen erzielen.
- Schau immer genau hin, welche Kriterien dein nachhaltiger Fonds tatsächlich anwendet.

Aktivität: Dein Nachhaltigkeits-Level-Test

Finde heraus, welcher Nachhaltigkeitsgrad zu dir passt.

Szenario-Test

Vergib pro Aussage 1, 2 oder 3 Punkte:
1 = stimme nicht zu
2 = stimme teilweise zu
3 = stimme voll zu

- ☐ Mir ist es nicht so wichtig, wie viele Unternehmen in meinem ETF sind, solange sie nachhaltig sind.
- ☐ Ich kann auf keinen Fall damit leben, dass ein Ölunternehmen in meinem nachhaltigen ETF ist.
- ☐ Ich möchte auf keinen Fall, dass mein Geld in Waffen, Tabak oder Glücksspiel fließt.
- ☐ Es stört mich nicht, wenn mein nachhaltiger ETF nur halb so viele Unternehmen enthält wie ein normaler ETF.
- ☐ Ich bin bereit, möglicherweise etwas weniger Rendite zu akzeptieren, wenn dafür meine Werte besser berücksichtigt werden.

Auswertung:

5 bis 8 Punkte: ESG passt perfekt zu dir.

9 bis 12 Punkte: Du liegst zwischen ESG und SRI, beide Varianten passen zu dir.

13 bis 15 Punkte: SRI ist dein Ding.

Investiere in nachhaltige Unternehmen

In unserer Excel-Vorlage findest du vorausgewählte SRI- und ESG-ETFs. Folge dem unten stehenden QR-Code, falls du das Dokument noch nicht heruntergeladen hast. Suche nun deine präferierten nachhaltigen ETFs aus und tausche bestehende ETFs mit der jeweiligen nachhaltigen Version aus, falls du nachhaltig investieren möchtest.

Best-in-Class: Wenn der sauberste Schmutz gewinnt

Stell dir vor, du suchst den umweltfreundlichsten Autohersteller der Welt. Du findest einen, der 10 Prozent weniger CO_2 ausstößt als seine Konkurrenten, recycelte Materialien verwendet und faire Löhne zahlt. Trotzdem produziert er Autos mit Verbrennungsmotor. Ist das jetzt nachhaltig oder nicht? Genau diese Frage steht im Zentrum des Best-in-Class-Ansatzes (Klassenbeste).

Der Best-in-Class-Ansatz ist wie ein Klassenwettbewerb. In jeder Branche wird geschaut, welches Unternehmen am nachhaltigsten arbeitet. Das heißt nicht, dass alle Branchen automatisch nachhaltig sind. Es bedeutet nur, dass aus jeder Branche die »klassenbesten« Unternehmen ausgewählt werden.

Die Bewertenden nehmen alle Unternehmen einer Branche und evaluieren, welches Unternehmen am besten in Sachen Umwelt, Soziales und Unternehmensführung abschneidet. Darauf basierend kommen die

Top 25 Prozent bis 50 Prozent Unternehmen jeder Branche in nachhaltige ETFs. So können auch Öl- und Gasunternehmen in einen »nachhaltigen« Fonds gelangen, solange sie die saubersten ihrer Branche sind.

Hier beginnt die Kontroverse. Ein Ölkonzern kann nicht nachhaltig sein, selbst 1 000 gepflanzte Bäume machen ein solches Unternehmen nicht grüner.[59] Kritiker sprechen von »Greenwashing«. Das heißt, das Unternehmen durch Marketing nachhaltiger wirken zu lassen, ohne es wirklich zu sein. Das bekannteste Beispiel dafür ist der Skandal um die Ölplattform Deepwater Horizon. Der Konzern British Petroleum (BP) galt im Dow Jones Sustainability Index lange Zeit als nachhaltiges Unternehmen, bis die zum Konzern gehörende Bohrinsel 2010 im Golf von Mexiko die bis dahin schwerste Umweltkatastrophe dieser Art in der Geschichte auslöste. BP war der »Klassenbeste« unter den Ölkonzernen, trotzdem passierte diese Katastrophe.

Doch bevor wir Best-in-Class komplett verdammen, schauen wir uns die Gegenargumente an. Befürworter von Best-in-Class haben einen wichtigen Punkt. Wir brauchen dringend eine radikale Veränderung auf dieser Welt und trotzdem wird es viele Branchen ganz einfach immer geben. Lass uns die Stahlproduktion oder Autoherstellung als Beispiel nutzen. Beide Branchen sind energieintensiv und nicht umweltfreundlich. Trotzdem können sich nur wenige von uns ein Haus ohne Stahl oder eine Welt komplett ohne Fahrzeuge vorstellen. Hier kann der Best-in-Class-Ansatz dafür sorgen, dass stärkerer Wettbewerb innerhalb einer Branche geschaffen wird. Denn wer in Sachen Nachhaltigkeit führend ist, wird eher in entsprechende ETFs aufgenommen und bekommt somit mehr Kapital von Investierenden zur Verfügung gestellt. Unternehmen werden also motiviert, ihr Verhalten stetig zu verbessern, um sich gegenüber ihren direkten Konkurrenten durch bessere Umweltstandards und nachhaltigere Prozesse hervorzuheben.

Stell dir dafür ein Unternehmen vor, welches Plastikverpackungen herstellt. Die Basis dafür ist Erdöl, also ein fossiler Rohstoff. Aber was ist, wenn dieses Unternehmen viel Geld in die Forschung investiert, um herauszufinden, wie Plastikverpackungen zukünftig aus recyceltem

Material hergestellt werden können? Es ist noch immer ein Plastikverpackungshersteller, aber bemüht sich um nachhaltige Alternativen.

Viele moderne, nachhaltige ETFs kombinieren Best-in-Class mit Ausschlusskriterien. Das bedeutet, dass bestimmte Branchen, wie Waffen, Tabak oder Kohlekraftwerke, komplett ausgeschlossen werden. Aus den verbleibenden Branchen werden dann die Klassenbesten ausgewählt. Diese Kombination ist sinnvoll. So wird vermieden, dass völlig unhaltbare Branchen in den ETF gelangen, gleichzeitig aber Anreize für Unternehmen geschaffen werden, innerhalb ihrer Branche nachhaltiger zu werden.

Merke dir:

- Best-in-Class wählt die nachhaltigsten Unternehmen pro Branche aus.
- Das kann dazu führen, dass auch Öl- oder Gasunternehmen in »nachhaltige« ETFs gelangen.
- Der Ansatz schafft Wettbewerb um Nachhaltigkeit innerhalb von Branchen.
- Moderne, nachhaltige ETFs kombinieren Best-in-Class meist mit Ausschlusskriterien.

Aktivität: Deine Best-in-Class-Haltung finden

Durch die Beantwortung der folgenden Fragen bekommst du ein Gefühl dafür, inwiefern der Best-in-Class-Investment-Ansatz zu dir passt.

Szenario-Check: Wie stehst du zu diesen Situationen?

Das Ölunternehmen-Dilemma

Ein Ölkonzern ist führend bei der Entwicklung von Wasserstoff-Technologie und investiert 30 Prozent seiner Gewinne in erneuerbare

Energien. Trotzdem stammen 70 Prozent seines Umsatzes noch aus Öl und Gas.

- ☐ Das Unternehmen sollte in einem nachhaltigen Fonds sein – Transformation ist wichtig.
- ☐ Es sollte nicht in einem nachhaltigen Fonds sein – Öl bleibt Öl.
- ☐ Bin unsicher.

Das Autohersteller-Problem

Ein Autohersteller produziert die saubersten Verbrenner der Welt und hat angekündigt, bis 2030 komplett auf Elektro umzustellen. Aktuell sind aber nur 5 Prozent seiner Produktion elektrisch.

- ☐ Das Unternehmen gehört in einen nachhaltigen Fonds – es macht Fortschritt.
- ☐ Es gehört nicht hinein, da es zu wenig elektrische Autos herstellt.
- ☐ Bin unsicher.

Deine Präferenz

- ☐ Ich will nur Unternehmen, die von Grund auf nachhaltig sind.
- ☐ Ich unterstütze auch Unternehmen, die sich ehrlich um Transformation bemühen.
- ☐ Mir ist es egal, Hauptsache die Rendite stimmt.

Deine Antworten zeigen dir, welche Richtung dir persönlich wichtig ist. Das ist die Basis für deine künftigen Investitionsentscheidungen.

Ausschlusskriterien: Die schwarze Liste der Nachhaltigkeit

Kennst du das Gefühl, wenn du im Supermarkt stehst und bewusst bestimmte Marken meidest, weil du deren Geschäftspraktiken nicht unterstützen willst? Genau nach diesem Prinzip funktionieren Ausschlusskriterien bei nachhaltigen Investments. Hier wird eine Art »schwarze Liste« erstellt, denn bestimmte Unternehmen und Branchen kommen von vornherein nicht in den nachhaltigen ETF.

Ausschlusskriterien funktionieren wie ein Filter. Bevor überhaupt geschaut wird, welche Unternehmen gut oder schlecht abschneiden, werden ganze Branchen oder Geschäftspraktiken kategorisch ausgeschlossen. Das ist die direkte Art zu sagen: »Mit solchen Unternehmen wollen wir nichts zu tun haben.«

Die klassischen Ausschlusskriterien sind fast überall gleich:

- Waffenproduktion,
- Tabakproduktion,
- Glücksspiel,
- Pornografie,
- Kinderarbeit,
- Schwere Umweltverstöße.

Aber dann wird es kompliziert. Denn bei vielen Themen sind sich nicht alle einig.

Nehmen wir Atomkraft als perfektes Beispiel für die Verwirrung. Für manche ist Atomkraft die sauberste Energie der Welt. Sie produziert praktisch kein CO_2, kann rund um die Uhr Strom liefern und braucht wenig Platz. Frankreich deckt etwa 70 Prozent seines Strombedarfs mit Atomkraft und hat einen der niedrigsten CO_2-Ausstoße pro Kilowattstunde in Europa.

Für andere ist Atomkraft das Gegenteil von nachhaltig. Was machst du mit dem radioaktiven Müll, der Tausende Jahre strahlt? Was passiert bei Unfällen wie in Tschernobyl oder Fukushima? Können wir das Risiko wirklich verantworten?

Beide Seiten haben gute Argumente. Deshalb findest du Atomkraft mal in nachhaltigen ETFs und mal nicht. Genau wegen solcher Verwirrungen hat die EU 2020 die sogenannte »EU-Taxonomie« eingeführt. Das ist ein riesiges Regelwerk, das festlegt, was in Europa offiziell als »ökologisch nachhaltig« gilt.

Die EU-Taxonomie definiert sechs Umweltziele:
1. Klimaschutz,
2. Anpassung an den Klimawandel,
3. Nachhaltige Nutzung von Wasserressourcen,
4. Übergang zu einer Kreislaufwirtschaft,
5. Vermeidung von Umweltverschmutzung,
6. Schutz von Ökosystemen.

Eine Wirtschaftsaktivität gilt nur dann als nachhaltig, wenn sie zu mindestens einem dieser Ziele beiträgt und keines der anderen »erheblich beeinträchtigt«.

Um nochmal auf das Beispiel des Atomkraft-Dilemmas zurückzukommen, solltest du wissen, dass in 2022 die EU unter bestimmten Bedingungen sowohl Erdgas als auch Atomkraft als »nachhaltig« deklariert hat. Die Begründung dafür ist, dass diese helfen können, dass wir uns von Kohle wegentwickeln, die noch schmutziger ist. Das führte zu heftigen Diskussionen. Deutschland und Österreich klagten sogar dagegen. Viele Umweltschützer werfen der EU vor, sich dem Druck der Atom-Länder wie Frankreich gebeugt zu haben. Somit ist selbst mit der EU-Taxonomie nicht alles klar. Manche nachhaltigen ETFs folgen ihr und schließen Gas und Atomkraft trotzdem aus, weil sie die EU-Entscheidung für falsch halten.

Wo genau zieht man die Grenze? Ein Technologiekonzern verdient 95 Prozent seines Umsatzes mit Smartphones und Computern, aber 5 Prozent mit Militärtechnik. Gehört er auf die schwarze Liste? Bei strengeren Fonds gilt oft die Regel, dass Unternehmen, die mehr als

5 Prozent ihres Umsatzes mit problematischen Geschäftsfeldern erwirtschaften, ausgeschlossen werden.

Trotz aller Probleme sind Ausschlusskriterien transparent. Du weißt genau, in welche Branchen dein Geld nicht fließt. Das ist ein klares Statement und gibt dir ein gutes Gefühl. Außerdem zwingen sie Unternehmen zum Nachdenken. Wenn viele Investor:innen bestimmte Branchen meiden, wird es für diese Unternehmen schwieriger und teurer, an Geld zu kommen.

Merke dir:

- Ausschlusskriterien funktionieren wie eine schwarze Liste für bestimmte Branchen.
- Bei umstrittenen Themen wie Atomkraft gibt es keine einheitliche Meinung.
- Die EU-Taxonomie soll Klarheit schaffen, führt aber selbst zu Diskussionen.
- Je mehr ausgeschlossen wird, desto »grüner« wird der ETF.
- Du solltest immer schauen, welche konkreten Ausschlusskriterien dein ETF anwendet.

Aktivität: Deine Nachhaltigkeits-Grauzone

Bei manchen Branchen ist klar: Waffen raus, Solarenergie rein. Aber was ist mit den Grenzfällen? Hier sind typische, schwierige Entscheidungen:

Szenario 1: Der Fleischproduzent

Ein großes Fleischunternehmen investiert massiv in pflanzliche Alternativen und will bis 2030 50 Prozent seines Umsatzes damit machen. Heute sind es noch 90 Prozent Fleisch.

- ☐ Gehört in nachhaltige Fonds – unterstützt die Transformation.
- ☐ Gehört nicht hinein – Fleisch schadet Klima und Tierwohl.
- ☐ Kommt darauf an – nur wenn klare Ziele eingehalten werden.

Szenario 2: Der Autokonzern

Ein traditioneller Autohersteller verkauft heute noch 80 Prozent Verbrenner, hat aber angekündigt, bis 2035 komplett elektrisch zu werden. Andere schaffen das schon 2030.

- ☐ Sollte dabei sein – macht Fortschritte in die richtige Richtung.
- ☐ Sollte nicht dabei sein – ist zu langsam beim Wandel.
- ☐ Nur wenn er seine Ziele früher erreicht.

Szenario 3: Der Pharmariese

Ein großer Pharmakonzern entwickelt lebensrettende Medikamente, testet aber noch an Tieren und verkauft teure Medikamente in arme Länder.

- ☐ Nachhaltig – rettet Leben und forscht an wichtigen Medikamenten.
- ☐ Nicht nachhaltig – Tierversuche und hohe Preise sind problematisch.
- ☐ Gemischt – das Gute wiegt das Problematische auf.

Szenario 4: Die Airline

Eine Fluggesellschaft investiert in nachhaltige Flugkraftstoffe und will bis 2050 klimaneutral werden, fliegt aber heute noch mit normalem Kerosin.

- ☐ Unterstützenswert – arbeitet aktiv an Lösungen.
- ☐ Nicht nachhaltig – Fliegen bleibt schlecht fürs Klima.
- ☐ Schwierig zu bewerten.

Auswertung: Zähle hierfür deine Antworten.

Meist »gehört rein/nachhaltig«: Transformations-Optimist:in
Du glaubst daran, dass Veränderung Zeit braucht und Unternehmen eine Chance verdienen, wenn sie ehrlich an nachhaltigen Lösungen arbeiten. Du möchtest lieber Fortschritt unterstützen als perfekte Reinheit fordern. Du siehst nachhaltige Investments als Motor für den Wandel und das auch bei Unternehmen, die heute noch nicht perfekt sind. Du hilfst dabei, ganze Branchen zu transformieren. Das Risiko ist, dass du auf Greenwashing hereinfallen könntest oder zu nachsichtig mit langsamen Veränderungen bist.

Meist »gehört nicht rein«: Prinzipien-Wächter:in
Du legst strenge Maßstäbe an und willst klare Grenzen, denn was nicht nachhaltig ist, hat in deinem Investment nichts verloren. Deine Philosophie ist, dass Kompromisse die Botschaft verwässern und schlechtes Verhalten belohnen. Du setzt auf konsequente Ausschlüsse und glaubst, dass nur harte Schnitte echten Wandel bewirken. Der Vorteil ist, dass du ein klares Signal sendest und wirklich nur saubere Unternehmen unterstützt. Das Risiko ist, dass dein ETF eine sehr kleine Auswahl hat und Transformationschancen verpasst.

Viele »gemischt/unentschieden«: Realitäts-Checker:in
Du siehst die Komplexität dieser Themen und weißt, dass es selten einfache Antworten gibt. Das ist typisch für jemanden, der tief über Nachhaltigkeit nachdenkt. Deine Philosophie ist, dass jeder Fall anders ist und pauschale Urteile der Realität nicht gerecht werden. Du wägst verschiedene Faktoren ab und entscheidest situativ. Der Vorteil ist, dass du durchdachte, ausgewogene Entscheidungen triffst. Das Risiko ist, dass du gerne ETFs hättest, die transparent kommunizieren und flexible Ansätze verfolgen. Nicht jeder Anbieter macht das gut genug für dich.

Was du noch wissen solltest

Kopiere nicht deine Freunde

»Kauf unbedingt Tesla-Aktien«, sagte Mia zu ihrer Freundin Selin. »Ich habe damit in drei Monaten 30 Prozent Gewinn gemacht!« Selin kaufte sofort Tesla für 1 000 Euro. Danach fällt die Aktie 20 Prozent. Selin ärgert sich: »Warum hat es bei Mia funktioniert und bei mir nicht?« Der Grund ist, dass Mia für ihre Rente in 35 Jahren investiert und somit Schwankungen verkraften kann. Selin braucht das Geld in zwei Jahren für ihr Auto.

Eine große Studie zeigt, dass es am sinnvollsten ist, Investment-Strategien an eigene Bedürfnisse anzupassen.[60] Viele kopieren aber blind Portfolios ihrer Freunde und Freundinnen, weil sie überfordert sind.

Bei kopierten Hausaufgaben bekommst du eine schlechte Note, bei kopierten Geldanlagen verlierst du echtes Geld. Die meisten Investor:innen messen ihren Erfolg noch immer an kurzfristiger Performance, obwohl das Festhalten an der eigenen langfristigen Strategie viel wichtiger ist.[61] Das Problem sind darüber hinaus auch unterschiedliche Ziele beim Investieren. Deine Freundin investiert für die Rente in 40 Jahren. Du willst aber in 5 Jahren ein Haus kaufen, wofür du völlig andere Strategien brauchst.

Drei Faktoren machen jeden Menschen beim Geldanlegen einzigartig:

- **Deine Ziele**: Rente, Haus, Auto oder Notgroschen brauchen verschiedene Strategien.

- **Dein Risiko-Typ:** Manche Menschen können nachts nicht schlafen, wenn ihre Anlagen schwanken. Andere finden das spannend.
- **Deine Lebenssituation:** Sicherer Job oder nicht? Hohes oder niedriges Einkommen?

Merke dir

- Deine Investment-Strategie sollte an deine Bedürfnisse angepasst sein.
- Deine Ziele, dein Risiko-Typ und deine Situation sind einzigartig.

Aktivität: Erkenne deine Unterschiede

Denke an eine Person, deren Geldanlagen du gerne kopieren würdest. Überlege dir ehrlich, wie ihr euch unterscheidet.

Nimm dir einen Zettel und schreibe die Antworten auf:

1. **Ziele:** Wofür spart diese Person? Wofür sparst du?
2. **Zeit:** Wann braucht sie ihr Geld? Wann brauchst du deins?
3. **Risiko:** Kann sie 30 Prozent Verlust verkraften? Kannst du das?
4. **Einkommen:** Verdient sie mehr oder weniger als du?
5. **Situation:** Single/verheiratet/Kinder – wie unterscheidet ihr euch?

Selbst wenn es Gemeinsamkeiten gibt, unterscheiden sich einige der Grundlagen, und genau deshalb brauchst du deine eigene Strategie.

Falls du feststellen solltest, dass vieles ähnlich ist: Super, dann kannst du dich inspirieren lassen. Trotzdem solltest du die Strategie bewusst prüfen und an deine eigenen Bedürfnisse anpassen, denn selbst kleinste Unterschiede können langfristig entscheidend sein.

Vermeide doppelte Käufe

Tom denkt, er ist schlau. Er kauft fünf verschiedene ETFs: einen USA-ETF, einen Technologie-ETF, einen Welt-ETF, einen Wachstums-ETF und einen NASDAQ-ETF. »Jetzt bin ich superbreit aufgestellt«, denkt er. Als die Tech-Aktien einbrechen, verliert Tom in allen fünf ETFs gleichzeitig Geld. Warum? Alle seine ETFs enthalten die gleichen Unternehmen: Apple, Microsoft, Amazon und Google.

Viele Menschen denken, sie seien gut diversifiziert, weil sie verschiedene ETFs kaufen. Aber oft enthalten diese ETFs die gleichen Unternehmen. Wenn Apple-Aktien fallen, verlierst du in allen ETFs gleichzeitig Geld.

Warum passiert das so häufig? Die größten Unternehmen der Welt sind in fast allen ETFs enthalten. Apple ist zum Beispiel in USA-ETFs, Technologie-ETFs, Welt-ETFs, Wachstums-ETFs und vielen anderen enthalten. Wenn du fünf solcher ETFs kaufst, kaufst du Apple fünfmal. Das Problem dabei ist, dass du denkst, dass sich dein Risiko auf fünf verschiedene Investments verteilt. Tatsächlich hängt ein großer Teil deines Geldes aber von den gleichen wenigen Unternehmen ab.

Echte Diversifikation bedeutet, dass dein Geld in verschiedene Bereiche aufgeteilt wurde, die sich unabhängig voneinander entwickeln. Wenn Tech-Aktien fallen, können Energie-Aktien steigen. Schein-Diversifikation hingegen bedeutet, dass du viele verschiedene ETFs hast, aber alle ähnliche Unternehmen enthalten. Wenn diese Unternehmen fallen, fällt dein ganzes Geld.

Statt fünf ähnlicher ETFs solltest du in wirklich verschiedene Bereiche investieren. Dabei handelt es sich nicht nur um unterschiedliche Branchen, sondern auch um unterschiedliche Anlageklassen. Ein gut diversifiziertes Portfolio könnte so aussehen: 60 Prozent Welt-Aktien, 20 Prozent Anleihen, 10 Prozent Rohstoffe, 10 Prozent Immobilien. So hängst du nicht nur von Tech-Aktien ab.

Merke dir:

- Viele privat Investierende haben Überschneidungen, ohne es zu merken.
- Viele verschiedene ETFs bedeutet nicht automatisch gute Diversifikation.
- Echte Diversifikation braucht verschiedene Bereiche, nicht nur verschiedene ETFs.

Aktivität: Portfolio-Überschneidungstest

Du vergleichst jetzt zwei Anlagestrategien und prüfst, welche breiter diversifiziert ist. Dabei nehmen wir an, dass alle ETFs gleich gewichtet sind, also in jeden ETF der gleiche Betrag investiert wird.

Portfolio A

- iShares Core S&P 500 (Top-Positionen: Apple 7 Prozent, Microsoft 6 Prozent, Amazon 3 Prozent)
- Xtrackers MSCI World Information Technology (Top-Positionen: Apple 20 Prozent, Microsoft 17 Prozent, Nvidia 5 Prozent)
- iShares NASDAQ-100 (Top-Positionen: Apple 8 Prozent, Microsoft 7 Prozent, Amazon 5 Prozent)
- Amundi MSCI World Growth (Top-Positionen: Apple 9 Prozent, Microsoft 7 Prozent, Tesla 2 Prozent)

Portfolio B

- iShares MSCI World (1 500 Unternehmen, Apple 4 Prozent)
- iShares Core Global Aggregate Bond (Anleihen aus USA, Europa, Japan)
- iShares Diversified Commodity Swap (Gold, Öl, Kupfer, Weizen)

- iShares Developed Markets Property Yield (Immobilien aus 23 Ländern)

Deine Aufgabe:

1. Zähle, wie oft Apple in Portfolio A als Top-Position vorkommt.
2. Überlege: Wenn Apple um 30 Prozent fällt, was passiert mit Portfolio A?
3. Überlege: Wenn Apple um 30 Prozent fällt, was passiert mit Portfolio B?
4. Welches Portfolio ist besser diversifiziert und warum?

(Die Auflösung findest du im Anhang auf S. 223)

Schutz durch Sondervermögen

Stell dir vor, deine beste Freundin erzählt dir voller Begeisterung von ihrem ersten ETF-Kauf. Du freust dich mit ihr, aber dann kommt eine Sorge auf: »Was passiert eigentlich, wenn meine Bank pleitegeht? Ist mein Geld dann weg?« Diese Frage haben fast alle, die zum ersten Mal investieren. Die gute Nachricht ist, dass du beruhigt schlafen kannst.

Viele Menschen denken, dass investieren riskant sei, weil sie befürchten, dass ihre Investments bei Problemen der Bank verloren gehen. Aber das stimmt nicht. Es gibt klare Regeln, die dich schützen. In Deutschland verwahren Banken Wertpapiere im Wert von mehreren Billionen Euro sicher für ihre Kund:innen.

Hier kommt der wichtigste Begriff, den du kennen solltest: Sondervermögen. Deine Aktien und ETFs sind nämlich nicht einfach Geld auf einem Konto. Sie gehören rechtlich gesehen zu deinem persönlichen Eigentum und sind getrennt vom Vermögen der Bank aufbewahrt. Das ist wie ein unsichtbarer Schutzschild um deine Anlagen.

Die meisten ETFs, die du in Deutschland kaufen kannst, tragen außerdem die Abkürzung »UCITS« im Namen. Das bedeutet, dass sie besonders strenge europäische Schutzvorschriften erfüllen. Diese ETFs müssen transparent über alles informieren und dein Geld als Sondervermögen verwahren.

Wichtig ist auch der Unterschied zur Einlagensicherung. Diese schützt das Bargeld auf Giro- oder Tagesgeldkonten bis 100 000 Euro pro Bank. Deine Investments in ETFs oder Aktien sind davon unabhängig, weil sie als Sondervermögen gelten. Das heißt: Selbst, wenn deine Bank oder dein Anbieter insolvent wird, bleiben die Wertpapiere dein Eigentum und sind nicht von der Pleite betroffen.

Wenn dein Broker oder deine Bank in finanzielle Schwierigkeiten gerät, bleiben deine Wertpapiere weiterhin in deinem Besitz. Sie können nicht von den Gläubigern der Bank beansprucht werden. Das steht so auch im Kapitalanlagegesetz geschrieben. Du kannst deine Investments einfach zu einer anderen Bank übertragen und weitermachen, als wäre nichts gewesen.

Was passiert im unwahrscheinlichen Fall, dass sowohl dein Broker als auch der ETF-Anbieter gleichzeitig Probleme bekommen? Auch dann bist du geschützt. Die Depotbank, bei der deine ETF-Anteile hinterlegt sind, bekommt dann die entsprechenden Einzelpositionen des ETFs. Das können Aktien von Apple, Microsoft oder anderen Unternehmen sein. Diese werden anteilsgemäß an alle Investor:innen verteilt.

Merke dir:

- Deine ETFs und Aktien sind als Sondervermögen geschützt und bleiben auch bei einer Broker-Pleite dein Eigentum.
- Bei Problemen kannst du deine Wertpapiere einfach zu einem anderen Anbieter übertragen.

- UCIT-ETFs bieten zusätzliche Sicherheit durch europäische Schutzvorschriften.
- Selbst wenn dein Broker pleitegeht, bleiben deine Anlagen geschützt.

Aktivität: Sicherheits-Wissenstest

Teste dein Wissen über die Sicherheit deiner Anlagen. Für jede richtige Antwort gibt es einen Punkt.

1. Deine Bank geht pleite. Was passiert mit deinen ETFs?

a) Sie sind komplett verloren.
b) Du bekommst nur die Hälfte zurück.
c) Sie bleiben vollständig in deinem Besitz.
d) Du musst vor Gericht klagen.

2. Was bedeutet »Sondervermögen«?

a) Besonders teure Wertpapiere.
b) Wertpapiere werden getrennt vom Bankvermögen aufbewahrt.
c) Nur für reiche Leute gedacht.
d) Eine spezielle Versicherung.

3. Was passiert, wenn dein Broker pleitegeht?

a) Dein Geld ist komplett weg.
b) Du bekommst deine ETFs auf dein neues Depot übertragen.
c) Du musst jahrelang warten.
d) Nur 50 Prozent werden zurückgezahlt.

4. Woran erkennst du besonders sichere ETFs?

a) Am hohen Preis.

b) An der UCIT-Bezeichnung im Namen.

c) An der Farbe im Online-Banking.

d) Am deutschen Namen.

(Die Auflösung findest du im Anhang auf S. 223)

Dein Ergebnis:

4 Punkte: Super! Du hast das Sicherheitskonzept komplett verstanden.

2–3 Punkte: Sehr gut! Du kennst die wichtigsten Schutzregeln.

2–1 Punkte: Noch Nachholbedarf, aber ein guter Start.

0 Punkte: Lies das Kapitel nochmal durch, es lohnt sich!

Schutz durch Einlagensicherung

Du weißt jetzt, dass deine Investments geschützt sind, auch wenn deine Bank pleitegeht. Aber was ist mit dem Referenzkonto oder dem Tagesgeld? Das Referenzkonto ist das »Hauptkonto«, das du nutzt, um Geld zu überweisen oder zu bekommen.

In Deutschland gibt es klare Regeln zum Schutz der Sparenden. Eine der wichtigsten heißt »Einlagensicherung«. Die Einlagensicherung agiert wie eine Versicherung für das Geld, das auf deinem Konto liegt. Wenn eine Bank in finanzielle Probleme gerät, springt diese Sicherung ein und sorgt dafür, dass du dein Geld zurückbekommst.[62] Die gesetzliche Einlagensicherung funktioniert europaweit und schützt bis zu 100 000 Euro Cash pro Person und pro Bank. Das ist eine beeindruckende Summe, die fast alle Sparenden absichern kann.[63] Bei Eheleuten mit einem gemeinsamen Konto verdoppelt sich dieser Schutz sogar auf 200 000 Euro. Diese Regel gilt für alle klassischen Sparformen: dein Girokonto, Tagesgeld, Festgeld und auch dein Sparbuch.

Die Einlagensicherung schützt also das »Bargeld«, das auf dem Verrechnungskonto deiner Bank oder deines Brokers liegt, bis 100 000 Euro. Deine ETFs und Aktien sind darüber hinaus separat durch das Sondervermögen-Prinzip geschützt, egal wie hoch der Wert deiner Investments ist. Das sind zwei völlig unterschiedliche Sicherheitssysteme, die sich perfekt ergänzen.

Wie wird das finanziert? Die Banken zahlen regelmäßig Beiträge in einen großen Topf ein. Aus diesem Topf wird im Notfall das Geld der Sparenden zurückgezahlt. Das funktioniert wie eine Solidargemeinschaft aller Banken.

Besonders sicher sind Sparkassen und Volksbanken, denn sie haben sogar ein sogenanntes Institutssicherungssystem. Sie lassen ihre anderen Volksbanken oder Sparkassen gar nicht erst pleitegehen, sondern helfen rechtzeitig mit Geld aus. Dadurch sind bei diesen Banken oft alle Einlagen komplett geschützt, egal wie hoch sie sind.[64]

Auch private Banken haben zusätzliche Sicherungstöpfe. Der Einlagensicherungsfonds des Bundesverbandes deutscher Banken kann je nach Bank sogar bis zu mehrere Millionen Euro pro Kund:in absichern. Das hängt davon ab, wie groß und stabil die jeweilige Bank ist.

Wenn der unwahrscheinliche Fall eintritt und deine Bank tatsächlich geschlossen wird, läuft alles sehr schnell ab. Seit 2016 hat die Bank maximal sieben Arbeitstage Zeit, dir dein Geld zurückzuzahlen. Du musst dich nur einmal schriftlich melden, den Rest erledigt die Einlagensicherung automatisch.

Merke dir:

- Dein Bargeld auf Konten ist bis 100 000 Euro pro Person und Bank gesetzlich geschützt.
- Bei Gemeinschaftskonten verdoppelt sich der Schutz auf 200 000 Euro.
- Wertpapiere sind als Sondervermögen separat geschützt.

Aktivität: Einlagensicherungs-Test

Teste dein Wissen über den Schutz deines Geldes.

1. Bis zu welcher Summe ist dein Bargeld bei deutschen Banken geschützt?

a) 50 000 Euro

b) 100 000 Euro

c) 250 000 Euro

d) Unbegrenzt

2. Was ist der Unterschied zwischen Bargeld und Wertpapieren?

a) Kein Unterschied, beide sind gleich geschützt.

b) Bargeld wird von der Bank weiterverliehen, Wertpapiere gehören dir persönlich.

c) Wertpapiere haben keinen Schutz.

d) Bargeld ist sicherer als Wertpapiere.

3. Für welche Kontoarten gilt die Einlagensicherung?

a) Nur für Girokonten.

b) Nur für Wertpapierdepots.

c) Für Giro-, Tagesgeld-, Festgeld- und Verrechnungskonten.

d) Nur für Sparbücher.

4. Wie schnell bekommst du dein Bargeld im Notfall zurück?

a) Innerhalb von einem Jahr.

b) Innerhalb von drei Monaten.

c) Innerhalb von 30 Tagen.

d) Innerhalb von sieben Arbeitstagen.

5. Was passiert bei einem Gemeinschaftskonto von Eheleuten?

a) Schutz bleibt bei 100 000 Euro.

b) Schutz erhöht sich auf 150 000 Euro.

c) Schutz erhöht sich auf 200 000 Euro.

d) Kein Schutz vorhanden.

(Die Auflösung findest du im Anhang auf S. 223)

Dein Ergebnis:

- 5 Punkte: Perfekt! Du verstehst beide Sicherheitssysteme komplett.
- 3 bis 4 Punkte: Sehr gut! Du hast die wichtigsten Unterschiede erkannt.
- 1 bis 2 Punkte: Grundwissen ist da, aber der Unterschied zwischen Bargeld und Wertpapieren braucht Vertiefung.
- 0 Punkte: Zeit für eine Wiederholung beider Abschnitte.

Schutz durch die Finanzaufsicht

Kennst du das Gefühl, wenn du bei der Bank sitzt und dir jemand ein Finanzprodukt empfiehlt, das »perfekt für dich« sein soll? Du fragst dich: »Kann ich dem wirklich vertrauen?«. Hier kommt die BaFin ins Spiel. Die Bundesanstalt für Finanzdienstleistungsaufsicht ist so etwas wie die Finanzpolizei Deutschlands, die dafür sorgt, dass alle fair spielen.

Die BaFin verfolgt eine klare Mission. Sie sorgt dafür, dass das Vertrauen ins Finanzsystem erhalten bleibt. Sie überwacht sämtliche Wertpapiergeschäfte und sorgt für Transparenz an den Finanzmärkten. Dazu bekämpft sie Insiderhandel, also den Missbrauch vertraulicher Informationen zu unfairen Vorteilen an der Börse, und stellt sicher, dass Unternehmen wichtige Informationen rechtzeitig veröffentlichen.

Ein großer Fokus liegt auf der Anlageberatung. Die BaFin hat klare Regeln aufgestellt. Wenn dich jemand berät, muss er oder sie zuerst deine finanzielle Situation und deine Ziele verstehen.[65] Die beratende Person muss dir alle Kosten und Provisionen transparent mitteilen. Außerdem bekommst du am Ende eine schriftliche Erklärung, warum genau dieses Produkt für dich geeignet sein soll.

Diese Regeln existieren nicht nur auf dem Papier. Die BaFin prüft stichprobenartig Beratungsprotokolle und verfolgt Beschwerden von Kund:innen. Die Banken müssen sogar ein Beschwerde-Register führen, in dem alle Kundenbeschwerden dokumentiert werden.

Wenn du vermutest, dass du falsch beraten wurdest, hast du mehrere Möglichkeiten. Zuerst solltest du dich direkt bei deiner Bank oder deiner beratenden Person beschweren. Diese müssen deine Beschwerde ernst nehmen und bearbeiten. Falls du nicht zufrieden bist, kannst du dich an die BaFin wenden. Die BaFin wertet alle Beschwerden aus und geht systematisch gegen Missstände vor.

Wichtige Warnsignale für Falschberatung sind folgende: Die beratende Person fragt nicht nach deiner finanziellen Situation, Kosten werden verschleiert oder du fühlst dich unter Druck gesetzt. Auch irreführende Werbung kannst du der BaFin melden. Sie prüft dann, ob gegen Gesetze verstoßen wurde.

Die BaFin kämpft aktiv gegen unerlaubte Finanzgeschäfte. Sie veröffentlicht regelmäßig Warnungen vor dubiosen Anbieter:innen und prüft, ob Unternehmen die nötigen Lizenzen haben. Jeder, der in Deutschland gewerbsmäßig Anlageberatung oder andere Wertpapierdienstleistungen anbieten will, braucht eine offizielle Erlaubnis.[66]

Merke dir:

- Die BaFin ist die deutsche Finanzaufsicht und überwacht Banken, Broker und Anlageberater.
- Alle Kosten und Provisionen müssen dir transparent mitgeteilt werden.

- Bei Falschberatung oder irreführender Werbung kannst du dich an die BaFin wenden.
- Sie schützt dich vor unfairer Behandlung, aber nicht vor normalen Anlagerisiken.

Aktivität: Beratungs-Reflexion

Denke über deine bisherigen Erfahrungen mit Finanzberatung nach, wenn du bereits welche gemacht hast.

Selbstreflexion:

1. **Warst du schon einmal bei einer Anlageberatung?** Falls ja, bei welcher Bank oder welcher beratenden Person?
2. **Wurde dir damals alles klar erklärt?** Hattest du das Gefühl, dass die beratende Person deine Situation verstanden hat?
3. **Wurden dir alle Kosten transparent mitgeteilt?** Wusstest du genau, welche Gebühren anfallen und wie viel die beratende Person daran verdient?
4. **Fühltest du dich unter Druck gesetzt?** Hattest du genug Zeit, um über die Empfehlung nachzudenken?
5. **Rückblickend betrachtet:** War die damalige Beratung in deinem Interesse oder eher im Interesse der Bank?

Was du daraus lernen kannst:

- Bei deiner nächsten Beratung kannst du gezielt nach der Geeignetheitserklärung fragen, quasi dem Protokoll der Beratung.
- Du hast das Recht auf eine transparente Kostenaufstellung.
- Lass dir nie etwas aufdrängen, nur weil es »zeitlich begrenzt« ist.
- Eine gute Beratung beginnt immer mit Fragen zu deiner Situation, nicht mit einem Produktvorschlag.

Falls du schlechte Erfahrungen gemacht hast:

- Dokumentiere alle Unterlagen (Beratungsprotokolle, Produktinformationen, E-Mails).
- Wende dich zuerst an die Bank selbst.
- Bei unbefriedigender Antwort kannst du dich an die BaFin wenden unter: www.bafin.de

Steuern beim Investieren

Lena sitzt vor ihrem Laptop und schaut auf ihr ETF-Depot: »500 Euro Gewinn in diesem Jahr, das ist großartig!« Dann kommt die Frage: »Aber wie viel muss ich davon an den Staat abgeben?« Diese Unsicherheit kennst du vielleicht auch. Keine Sorge, wir bringen Licht ins Steuer-Dunkel.

Die gute Nachricht zuerst, Steuern fallen nur auf deine Gewinne an, nicht auf das Geld, das du investiert hast. Wenn du 1 000 Euro investierst und diese später für 1 200 Euro verkaufst, zahlst du nur auf die 200 Euro Gewinn Steuern.

Deutschland: Die Abgeltungssteuer macht es einfach

In Deutschland zahlst du eine Abgeltungssteuer von 25 Prozent auf Gewinne aus Aktien, ETFs oder Zinsen. Darüber hinaus gibt es den Solidaritätszuschlag. Dieser beträgt zusätzlich 1,38 Prozent. Insgesamt musst du also 26,38 Prozent Steuern auf deine Kapitalerträge entrichten. Wenn du in der Kirche bist, kommt noch Kirchensteuer dazu.[67]

In Deutschland führt deine Bank oder dein Broker die Steuer meist automatisch ans Finanzamt ab. Du musst dich also um nichts kümmern. In Österreich gibt es weniger Anbieter, welche die Steuer automatisch abführen. Achte darauf, dass du dein Investment-Konto bei einem »steuereinfachen« Anbieter eröffnest.

Pro Jahr hast du einen Freibetrag von 1 000 Euro (bei Ehepaaren 2 000 Euro), bis zu dem keine Steuern anfallen.[68] Um diesen Freibetrag zu nutzen, musst du einen Freistellungsauftrag bei deiner Bank stellen. Das funktioniert normalerweise mit zwei Klicks in dem Konto, mit dem du investierst.

Was ist mit der Vorabpauschale?

Eine Besonderheit in Deutschland ist die Vorabpauschale für thesaurierende ETFs. Sie stellt einen fiktiven Mindestbetrag dar, der einmal jährlich im Januar als Kapitalertrag angesetzt wird, auch wenn du deine ETFs nicht verkaufst. Hintergrund ist folgender, hättest du einen ausschüttenden ETF, müsstest du auf Dividenden sofort Steuern zahlen. Damit thesaurierende ETFs nicht steuerlich bevorteilt sind, erfolgt eine Berechnung auf Basis des sogenannten Basiszinses (2025: 2,53 Prozent; angesetzt werden 70 Prozent, also 1,771 Prozent). Bei einem ETF-Wert von 10 000 Euro ergibt das eine Vorabpauschale von rund 177 Euro. Darauf fallen circa 44 Euro Abgeltungssteuer (zuzüglich Soli und Kirchensteuer) an. Allerdings nur, wenn dein ETF im Vorjahr auch tatsächlich gestiegen ist.

Österreich: Höhere Steuern und keine Freibeträge

In Österreich nennt sich die Steuer auf Kapitalerträge Kapitalertragsteuer (KESt) und ist etwas höher als in Deutschland. Du zahlst 27,5 Prozent auf Gewinne und Dividenden. Bei Sparzinsen sind es 25 Prozent.[69]

In Österreich gibt es leider keinen Freibetrag. Somit fallen ab dem ersten Euro Gewinn Steuern an.[70] Es gibt jedoch eine sogenannte Regelbesteuerungsoption. Wenn dein persönlicher Steuersatz niedriger als 27,5 Prozent ist, kannst du deine Kapitalerträge mit dem niedrigeren persönlichen Steuersatz versteuern lassen.

Auch in Österreich werden thesaurierende ETFs jedes Jahr auf nicht ausgeschüttete (wiederangelegte) Gewinne besteuert, und zwar über die sogenannten »ausschüttungsgleichen Erträge«. Das sorgt dafür, dass beide ETF-Arten steuerlich gleich behandelt sind. Die Berechnung ist aber nicht pauschal (wie die Vorabpauschale in Deutschland), sondern orientiert sich an den realen Erträgen des Fonds.[71]

Schweiz: Das Steuerparadies für Investor:innen

Die Schweiz ist für Anleger:innen ein echter Traum. Es gibt keine spezielle Kapitalertragsteuer für private Investor:innen. Kapitalgewinne sind für Privatpersonen komplett steuerfrei.[72] Verkaufst du deine Aktien oder ETFs mit Gewinn, zahlst du darauf keine Steuern.

Nur Dividenden und Zinserträge werden als Einkommen besteuert und erhöhen dein zu versteuerndes Einkommen. Die Schweiz hat ein progressives Steuersystem, sodass der Steuersatz je nach Einkommen und Wohnort variiert.

Merke dir:

- Deutschland: 26,38 Prozent Abgeltungssteuer mit 1 000 Euro Freibetrag pro Jahr.
- Österreich: 27,5 Prozent Kapitalertragsteuer ohne Freibetrag, aber mit Regelbesteuerungsoption.
- Schweiz: Keine Kapitalertragsteuer für private Anleger:innen, nur Dividenden werden besteuert.
- Alle drei Länder führen Steuern automatisch ab, du musst dich meist nicht selbst kümmern.

Aktivität: Steuer-Länder-Quiz

Teste dein Wissen über die Besteuerung in den drei Ländern.

1. Welches Land hat den höchsten Steuersatz auf Kapitalgewinne?
a) Deutschland
b) Österreich
c) Schweiz

2. In welchem Land gibt es einen Freibetrag für Kapitalerträge?
a) Nur in Deutschland
b) Nur in Österreich
c) In allen drei Ländern

3. Was ist die Vorabpauschale?
a) Eine Steuer, die es in allen drei Ländern gibt
b) Mindestbesteuerung für thesaurierende ETFs
c) Ein Freibetrag in der Schweiz

4. Wann wird die Vorabpauschale fällig?
a) Beim Verkauf des ETFs
b) Jeden Januar für das Vorjahr
c) Monatlich

5. Welches Land ist für private Anleger:innen am steuerfreundlichsten?
a) Deutschland wegen des Freibetrags
b) Österreich wegen der Regelbesteuerungsoption
c) Schweiz wegen der steuerfreien Kapitalgewinne

(Die Auflösung findest du im Anhang auf S. 223)

Dein Ergebnis:

5 Punkte: Steuer-Profi! Du kennst die Unterschiede zwischen den Ländern perfekt.

3 bis 4 Punkte: Sehr gut! Du hast die wichtigsten Punkte verstanden.

1 bis 2 Punkte: Grundwissen vorhanden, aber noch Nachholbedarf bei den Details.

0 Punkte: Lies den Abschnitt nochmal durch – die Steuerregeln sind wichtig für deine Anlageentscheidungen.

Halte dein Portfolio im Lot

Rebalancing: Deine Geldanlage in Balance halten

Stell dir vor, du willst einen Garten anlegen. Du planst sorgfältig: 50 Prozent Gemüse für die Ernte, 30 Prozent Blumen für die Schönheit und 20 Prozent Kräuter für die Küche. Nach einem Jahr stellst du fest, dass sich die Tomaten so gut entwickelt haben, dass sie 70 Prozent deines Gartens einnehmen. Die Blumen wurden überwuchert und machen nur noch 15 Prozent aus. Ist das noch der Garten, den du wolltest?

Genauso verhält es sich mit deiner Geldanlage. Du startest mit einem durchdachten Plan, aber mit der Zeit verschieben sich die Gewichtungen automatisch. In diesem Fall solltest du »Rebalancing« machen. Beim Rebalancing bringst du deine Geldanlage wieder in die ursprünglich geplante Form. Wenn du einmal entschieden hast, dass 70 Prozent deines Geldes in Aktien-ETFs und 30 Prozent in Anleihen-ETFs gehören, dann solltest du regelmäßig dafür sorgen, dass die Aufteilung auch so bleibt.

Der Grund für die Verschiebung ist, dass verschiedene Investments unterschiedlich schnell wachsen. Aktien können in einem Jahr 20 Prozent steigen, während Anleihen nur 3 Prozent wachsen. Plötzlich haben deine 70 Prozent Aktien ein viel größeres Gewicht in deinem Portfolio.

Warum ist Rebalancing bei der Geldanlage wichtig? Deine ursprüngliche Aufteilung war kein Zufall. Sie entsprach deiner Risikobereitschaft und deinen Zielen. Wenn du dein Portfolio nicht regelmäßig ausgleichst, sammeln sich im Laufe der Zeit immer mehr von den Investments an, die besonders stark wachsen. Das wirkt harmlos, kann aber gefährlich werden, wenn genau diese plötzlich einbrechen.

Ein konkretes Beispiel: Max wählte mit 25 Jahren bewusst 80 Prozent Aktien-ETFs und 20 Prozent Anleihen-ETFs. Nach fünf Jahren guter Börsenerfolge bestehen 90 Prozent seines Portfolios aus Aktien-ETFs. Max denkt sich: »Super, läuft ja!« Aber er übersieht, dass sein Portfolio nun risikoreicher ist, als er je geplant hatte. Bei einem Markteinbruch würde er deutlich mehr verlieren als erwartet.

Es gibt zwei einfache Wege zum Rebalancing:

1. **Verkaufen und Kaufen:** Du verkaufst einen Teil der übergewichteten Anlagen und kaufst mehr von den untergewichteten.
2. **Durch neues Geld:** Du investierst neues Geld nur in die untergewichteten Bereiche, bis das Verhältnis wieder stimmt. Das ist oft klüger, da ein Verkauf zu Steuerzahlungen führt.

Deine ursprünglich gewählte Aufteilung sollte sich über die Jahre, also mit deinem Alter, ändern. Die bewährte »100-minus-Alter«-Regel gibt eine Orientierung:

- **Mit 30 Jahren:** 70 Prozent Aktien-ETFs, 30 Prozent sichere Anlagen.
- **Mit 50 Jahren:** 50 Prozent Aktien-ETFs, 50 Prozent sichere Anlagen.
- **Mit 65 Jahren:** 35 Prozent Aktien-ETFs, 65 Prozent sichere Anlagen.

Diese Anpassungen machst du aber nicht jährlich, sondern alle 5 bis 10 Jahre. Das ist keine jährliche Wiederausgleichung, sondern eine strategische Neuausrichtung deiner Anlagephilosophie.

Merke dir:

- Rebalancing stellt deine ursprüngliche Aufteilung wieder her, wie ein Gärtner, der seinen Plan verfolgt.
- Ohne Rebalancing wird deine Geldanlage automatisch risikoreicher oder risikoärmer als geplant.
- Einmal im Jahr prüfen reicht – nicht öfter, das kostet nur Geld.

Aktivität: Deine Wiederausgleich-Checkliste

Erstelle deine persönliche Checkliste für den jährlichen Check, falls du bereits länger als 1 Jahr investierst:

☐ Aktuellen Wert aller Anlagen ermitteln.
☐ Prozentuale Aufteilung berechnen.
☐ Mit ursprünglichem Plan vergleichen.
☐ Bei Abweichung > 5 Prozent: Rebalancing durchführen.

Setze heute ein Zeichen für deine Zukunft und erstelle dir eine feste Erinnerung im Jahr, an der du dein Portfolio prüfst. Es ist ein kleiner Check, der dir langfristig Sicherheit und Kontrolle gibt.

Entsparen: Wie du strategisch an dein Geld kommst

Nach Jahren des Sparens steht Monika vor einer neuen Herausforderung. Sie ist 55, hat ein schönes Portfolio aufgebaut und möchte sich jetzt eine längere Auszeit gönnen. Ihr Chef bietet ihr ein Sabbatical an, aber ohne Gehalt. »Wie komme ich am besten an mein Geld?«, fragt sie sich beim Blick auf ihr Depot. »Einfach alles verkaufen? Oder gibt es einen klügeren Weg?«

Was passiert, wenn du in Monikas Situation kommst? Nehmen wir an, du hast erfolgreich gespart und investiert. Nun willst du dein Geld für eine Auszeit, ein Haus oder die Rente nutzen. Wie machst du das am schlauesten?

Entsparen ist das Gegenteil von Sparen. Statt Geld anzulegen, holst du es dir zurück. Aber Achtung, es geht nicht darum, einfach alles auf einmal zu verkaufen. Entsparen ist eine Kunst für sich, mit eigenen Regeln und Strategien. Der Begriff kommt aus der Finanzwelt und beschreibt den systematischen Prozess, investiertes Geld wieder verfügbar zu machen. Es ist wie ein umgekehrter Sparplan. Statt jeden Monat Geld einzuzahlen, nimmst du regelmäßig Geld heraus.

Warum nicht einfach alles auf einmal verkaufen? Nehmen wir an, du möchtest dir in zwei Jahren ein neues Auto kaufen und planst, dafür insgesamt 30 000 Euro einzusetzen. Statt Investments in dieser Höhe auf einmal zu verkaufen, könntest du schon heute beginnen und jeden Monat einen kleinen Teil deiner Anlage herausnehmen. Ist der Kurs gerade hoch, verkaufst du mehr. Stehen die Kurse schlecht, wartest du vielleicht einen Monat ab. Mit diesem schrittweisen Vorgehen kannst du vermeiden, dass du ausgerechnet bei einem großen Kursverlust alles auf einmal verkaufen musst.

Es gibt zwei einfache Wege des Entsparens:

1. Schrittweises Entsparen (wie ein umgekehrter Sparplan): Du verkaufst nicht alles auf einmal, sondern Stück für Stück über mehrere Monate oder Jahre. Ein Beispiel wäre, dass du 30 000 Euro über zwei Jahre verteilt brauchst. Dann verkaufst du jeden Monat Investments im Wert von 1 250 Euro. Der Vorteil ist, dass du zu unterschiedlichen Kursen verkaufst und somit Schwankungen ausgleichst. Mal verkaufst du teurer, mal billiger.

2. Leben von Ausschüttungen: Du hast bereits gelernt, dass es ausschüttende ETFs gibt. Diese zahlen regelmäßig Geld aus, statt Dividenden direkt wieder zu reinvestieren. Diese kannst du für deine laufenden Ausgaben nutzen. In dem Fall lebst du von den »Zinsen« deiner Geldanlage, ohne deine Investments zu verkaufen. Du hast zum Beispiel 500 000 Euro in ausschüttenden ETFs mit 3 Prozent Ausschüttung pro Jahr. Das sind 15 000 Euro jährlich, die du nutzen kannst, ohne etwas zu verkaufen.

Wenn du von Ausschüttungen leben möchtest, solltest du das 25-Fache deiner jährlichen Ausgaben in ausschüttende ETFs investiert haben. Wenn du also 40 000 Euro pro Jahr brauchst, benötigst du 1 000 000 Euro Startkapital (40 000 × 25 = 1 000 000). Diese Million kannst du dann 30 Jahre lang mit 40 000 Euro pro Jahr auszahlen, auch wenn die Börse schwankt. In guten Jahren wächst dein Portfolio trotz Entnahmen. In schlechten Jahren zehrst du etwas Substanz auf. Über 30 Jahre hinweg geht die Rechnung auf.

Das nennt sich die 4-Prozent-Regel. Dies ist eine einfache Faustregel für die Ruhestandsplanung mit Geldanlagen wie Aktien und ETFs. Sie sagt, dass du jedes Jahr etwa 4 Prozent deines angelegten Vermögens entnehmen kannst, ohne dass dein Geld in einem Zeitraum von 30 Jahren (zum Beispiel für den Ruhestand) wahrscheinlich ausgeht.

Das klingt zu schön, um wahr zu sein? Experten sehen die 4-Prozent-Regel durchaus kritisch:

1. 30 Jahre könnten nicht reichen: Bei einem frühen Renteneintritt kann die Rente nicht 30, sondern 40 bis 50 Jahre oder länger dauern.
2. Deutsche Steuern: Die Studie berücksichtigt keine Steuern. In Deutschland zahlst du bis zu 26,375 Prozent auf Gewinne.
3. Niedrigere Zinsen: Die Studie basierte auf Zeiten mit höheren Anleihe-Zinsen.
4. Keine Notfälle: Was, wenn du plötzlich mehr Geld brauchst?

Nehmen wir mal Anna als praktisches Beispiel. Sie hat 400 000 Euro angespart und braucht für ihr Sabbatical 2 000 Euro monatlich über zwei Jahre. Das sind 48 000 Euro insgesamt.

Option 1 – Alles sofort verkaufen: Das birgt das Risiko, zu einem schlechten Zeitpunkt zu verkaufen.

Option 2 – Schrittweise: Jeden Monat 2 000 Euro verkaufen (24 Monate lang).

Option 3 – Ausschüttungsstrategie: Ausschüttende ETFs kaufen, die etwa 3 Prozent pro Jahr ausschütten. Bei 400 000 Euro wären das 12 000 Euro jährlich. Das reicht nicht komplett, aber reduziert den Verkauf.

Option 4 – Hybridstrategie: Eine Kombination aus Ausschüttungen und schrittweisem Verkauf.

Anna entscheidet sich für Option 2: Jeden Monat verkauft sie systematisch für 2 000 Euro Anlagen. So nimmt sie automatisch die Durchschnittspreise mit und muss sich keine Gedanken über den »richtigen« Zeitpunkt machen.

Entsparen könntest du brauchen für:

- Frührente ab 60, 63 oder 65;
- Eine längere Auszeit vom Job;
- Den Kauf einer Immobilie;
- Eine Reduzierung der Arbeitszeit (Teilrente);
- Mehr finanzielle Unabhängigkeit.

Bei der Frührente planst du meist für 20 bis 30 Jahre ohne Arbeitseinkommen. Bei anderen Zielen vielleicht nur für 1 bis 5 Jahre. Das ändert deine Strategie fundamental.

Die wichtigsten Faustregeln beim Entsparen lauten:

1. Niemals alles auf einmal verkaufen, außer in echten Notfällen.
2. Die Zeit ist dein Freund: Je länger du Zeit hast, desto entspannter kannst du vorgehen.
3. Ausschüttungen nutzen: Wenn möglich, lebe zuerst von den »Zinsen«.
4. Steuern bedenken: In Deutschland können bis zu 26,375 Prozent anfallen.
5. Puffer einplanen: Rechne lieber mit einer Entnahme von 3 Prozent statt mit 4 Prozent.
6. Flexibel bleiben: Passe deine Strategie an, wenn sich die Umstände ändern.

Merke dir:

- Entsparen ist das systematische Zurückholen deines investierten Geldes.
- Niemals alles auf einmal verkaufen – Zeit streut das Risiko.
- Schrittweises Vorgehen schützt vor schlechten Timing-Entscheidungen.

Aktivität: Dein persönlicher Entspar-Rechner

Du berechnest, wie viel Vermögen du für deine Ziele brauchst, und entwickelst deine Entspar-Strategie.

Schritt 1: Dein Entspar-Ziel definieren

Was ist dein Entspar-Ziel?

☐ Sabbatical/Auszeit

☐ Hauskauf/Renovierung

☐ Frühe Rente

☐ Mehr finanzielle Freiheit

☐ Anderes: ______________________

Wie viel Geld brauchst du?

- Monatlich: _____ Euro
- Über welchen Zeitraum: _____ Jahre
- Gesamtsumme: _____ Euro

Schritt 2: Die 4-Prozent-Regel für dich anwenden

Für eine dauerhafte Entnahme (Rente):

- Benötigtes Vermögen bei 4-Prozent-Regel: Jahresbedarf × 25 = _____ Euro
- Benötigtes Vermögen bei 3-Prozent-Regel (sicherer): Jahresbedarf × 33 = _____ Euro
- Beispiel: Du brauchst 30 000 Euro pro Jahr
- Bei 4-Prozent-Regel: 30 000 × 25 = 750 000 Euro
- Bei 3-Prozent-Regel: 30 000 × 33 = 990 000 Euro

Schritt 3: Deine aktuelle Situation

Dein aktuelles Vermögen:

- Gesamtwert Anlagen: _____ Euro
- Davon ausschüttende Anlagen: _____ Euro
- Erwartete jährliche Ausschüttung (circa 2 bis 4 Prozent): _____ Euro

Deine Lücke:

- Du brauchst insgesamt: _____ Euro
- Du hast bereits: _____ Euro
- Fehlbetrag: _____ Euro

Schritt 4: Deine Entspar-Strategie wählen

Für kurze Zeiträume (1 bis 5 Jahre):

☐ Schrittweise Verkäufe: Jeden Monat _____ Euro verkaufen
☐ Ausschüttung first: Erst Ausschüttungen nutzen, dann verkaufen
☐ Hybrid: Kombination aus beidem

Für lange Zeiträume (10+ Jahre):

☐ 4-Prozent-Regel: Jährlich 4 Prozent des Startvermögens
☐ 3-Prozent-Regel: Jährlich 3 Prozent (sicherer)
☐ Flexible Entnahme: Je nach Marktlage anpassen

Schritt 5: Dein Entspar-Plan

Deine monatliche Entnahme:

- Aus Ausschüttungen: _____ Euro
- Aus Verkäufen: _____ Euro
- Gesamt pro Monat: _____ Euro

Dein Verkaufsplan:

- Verkaufe jeden _____ des Monats
- Verkaufe immer Anteile im Wert von _____ Euro
- Über _____ Monate/Jahre

Steuer-Check:

☐ Freibetrag genutzt? (1 000 Euro pro Jahr)
☐ Verluste zum Verrechnen vorhanden?
☐ Steueroptimierte Verkaufsstrategie geplant?

Schritt 6: Notfall-Puffer

Was, wenn du mehr brauchst?

- Zusätzlicher Notfall-Topf: _____ Euro
- Alternative Einkommensquellen: ______________
- Einsparpotenzial: ______________

Dein neuer Anfang

Du hast es geschafft. Du hast den letzten Abschnitt erreicht, aber das ist kein Ende, sondern dein Anfang. Am Anfang des Buches wusstest du vielleicht nicht, was ein ETF ist, wie die Börse funktioniert oder warum deine staatliche Rente nicht ausreichen wird. Heute weißt du nicht nur, wie du investierst, sondern auch warum es notwendig ist. Du verstehst jetzt, dass 21 Prozent aller Rentner:innen in Deutschland armutsgefährdet sind und dass die Rentenlücke real ist. Du weißt, dass das System nicht für dich sorgen wird, du aber selbst handeln kannst. Genau das unterscheidet dich ab heute von den 83 Prozent der Menschen in Deutschland, die nicht investieren.

In diesem Buch hast du gelernt, wie du mit kleinen Beträgen anfängst, wie du dein Portfolio aufbaust und wie du es langfristig hältst. Du kennst den Unterschied zwischen Aktien und Anleihen, zwischen ESG und SRI, zwischen Sparen und Investieren. Du weißt, was Diversifikation bedeutet und warum der Zinseszinseffekt dein mächtigster Verbündeter ist.

Aber viel wichtiger ist, dass du verstanden hast, dass Investieren kein Privileg der Reichen ist. Es ist ein Werkzeug für alle, die ihre Zukunft selbst gestalten wollen.

Wenn du noch nicht investiert hast, dann tue es jetzt. Nicht morgen, nicht nächste Woche. Heute. Selbst wenn es nur 25 Euro sind. Der beste Zeitpunkt zum Investieren war vor zehn Jahren. Der zweitbeste ist heute.

Falls du bereits investiert hast, bleib dabei. Lass dich nicht von kurzfristigen Schwankungen verunsichern. Erinnere dich an das, was du gelernt hast.

Die Finanzwelt verändert sich ständig. Neue ETFs kommen auf den Markt, Regelungen ändern sich, Märkte schwanken. Aber die Grundprinzipien, die du in diesem Buch gelernt hast, bleiben bestehen: breit streuen, langfristig denken, Kosten niedrig halten und geduldig bleiben.

Nutze die Tools und Vorlagen aus diesem Buch. Komm zurück zu den Kapiteln, wenn du Fragen hast. Passe dein Portfolio an deine sich verändernde Lebenssituation an. Und vor allem: Gib dein Wissen weiter. Wenn du jemanden in deinem Umfeld kennst, der noch nicht investiert, teile, was du gelernt hast. Nicht mit erhobenem Zeigefinger, sondern mit Ermutigung. Denn finanzielle Bildung sollte nicht vom Elternhaus abhängen. Sie sollte für alle zugänglich sein.

Wir haben dieses Buch geschrieben, weil wir daran glauben, dass jeder Mensch das Recht und die Fähigkeit hat, seine finanzielle Zukunft selbst zu gestalten. Du hast jetzt das Wissen. Du hast die Tools. Du hast die Möglichkeit.

Die einzige Frage ist: Was machst du jetzt damit?

Deine finanzielle Freiheit beginnt heute. Nicht irgendwann.

Anhang

Depot eröffnen

Die Auswahl des Ortes deiner Investments

Der erste Schritt zum eigenen Investment ist die Wahl des Ortes, wo du dein Geld anlegen möchtest. Wie bei der Wahl eines neuen Handyvertrags, gibt es verschiedene Anbieter mit unterschiedlichen Vor- und Nachteilen. Bei Investments hast du fünf grundlegende Optionen: Filialbanken, Direktbanken, Online-Broker, Robo-Advisor, FinTechs und Vermögensverwalter.

Die klassische Filialbank kennst du vermutlich schon. Das ist die Sparkasse oder Volksbank um die Ecke. Hier bekommst du persönliche Beratung, kannst vor Ort hingehen und hast vertraute Ansprechpartner:innen. Das kann beruhigend sein, kostet aber oft mehr. Bei einer Filialbank zahlst du beispielsweise deutlich höhere Gebühren als bei anderen Anbietern.

Direktbanken funktionieren komplett online. Sie haben keine Filialen und können deshalb günstigere Konditionen anbieten. Du kannst oft trotzdem telefonische Beratung bekommen, musst aber grundlegende Online-Banking-Kenntnisse mitbringen.

Online-Broker oder Neo-Broker haben den Fokus auf das Thema »Investment«. Hier zahlst du meist sehr geringe oder gar keine Jahresgebühren. Diese Anbieter sind gut geeignet für Menschen, die digitalaffin sind und gerne selbstständig entscheiden möchten.

Robo-Advisor sind wie digitale Assistenten für deine Investments. Du beantwortest ein paar Fragen zu deinen Zielen und deiner Risikobereitschaft und der Robo-Advisor investiert vollautomatisch für dich. Sie nehmen dir alle Entscheidungen ab. Dafür zahlst du pro Jahr eine Servicegebühr auf den angelegten Betrag.

FinTechs kombinieren das Beste aus verschiedenen Welten. Sie bieten dir nicht nur günstige Investment-Möglichkeiten, sondern auch Zusatzleistungen wie Finanzbildung, persönliche Beratung per Chat oder Video und intelligente Tools, die dir beim Investieren helfen. Diese Plattformen richten sich besonders an Menschen, die mehr als nur einen Broker wollen. Sie möchten verstehen, was sie tun, und dabei professionell begleitet werden. Die Kosten liegen meist zwischen denen von reinen Brokern und Robo-Advisors.

Vermögensverwalter sind Finanzexpert:innen, die dein Geld individuell betreuen. Sie erstellen maßgeschneiderte Strategien und kümmern sich um alles. Allerdings kostet das oft mehr und ist meist erst ab 200 000 Euro verfügbar.

Kosten verstehen: Was wirklich dahintersteckt

Es ist wichtig, die wirklichen Kosten zu verstehen. Viele Anbieter werben mit »kostenlosem Depot«, aber das bezieht sich meist nur auf die Depotführung. Dahinter verstecken sich verschiedene andere Kosten, die deine Rendite erheblich schmälern können.

Die Depotführungsgebühr ist wie eine jährliche Miete für dein Investment-Konto. Manche Anbieter verlangen bis zu 35 Euro pro Jahr dafür, dass du das Konto hast, auch wenn du nichts kaufst oder verkaufst.

Ordergebühren fallen bei jedem Kauf oder Verkauf an. Hier unterscheiden sich die Anbieter drastisch. Ein teurer Anbieter kann 25 Euro für den Kauf von Investments im Wert von 1 000 Euro verlangen, das sind 2,5 Prozent deines Investments, die sofort weg sind! Ein günstiger Anbieter berechnet für dieselbe Transaktion nur 1 Euro. Das ist ein Unterschied von 2 400 Prozent.

Wenn du in Fonds investiert, kommen Verwaltungsgebühren dazu, da die Fondsmanager:innen für ihre Arbeit bezahlt werden müssen. Diese Gebühren können bei bis zu 2,5 Prozent pro Jahr liegen. Bei einem Fonds mit 1,5 Prozent Gebühren zahlst du bei 5 000 Euro Investment jährlich 75 Euro, und zwar jedes Jahr aufs Neue.

Besonders zu beachten sind Ausgabeaufschläge, das ist wie ein Eingangszoll bei manchen Fonds. Du zahlst bis zu 5 Prozent einmalig beim Kauf. Investierst du 1 000 Euro in einen Fonds mit 5 Prozent Ausgabeaufschlag, sind 50 Euro sofort weg, bevor dein Geld überhaupt arbeiten kann.

Manche Vermögensverwalter erheben zusätzlich Performance-Gebühren. Beispielsweise 10 bis 20 Prozent von jedem Gewinn, den sie für dich erzielen.

Bei einem günstigen Anbieter mit 10 Euro Gesamtkosten pro Jahr hast du nach 10 Jahren 100 Euro bezahlt. Bei einem teuren Anbieter mit hohen Gebühren können das schnell 1 000 Euro oder mehr werden. Diese Unterschiede wirken sich massiv auf dein Vermögenswachstum aus.

Die Depot-Eröffnung: Einfacher als gedacht

Die Eröffnung deines ersten Investment-Kontos ist heute viel einfacher als früher. Was früher wochenlang dauerte und mehrere Behördengänge erforderte, erledigst du heute bequem von der Couch aus in wenigen Tagen. Der gesamte Prozess ist standardisiert und läuft bei den meisten Anbietern sehr ähnlich ab. Egal ob du dich für einen Online-Broker, eine Direktbank oder einen Robo-Advisor entscheidest, die Grundschritte sind immer dieselben:

Diese Dokumente brauchst du

Bevor du anfängst, solltest du die nötigen Dokumente bereitlegen. Du brauchst auf jeden Fall deinen gültigen Personalausweis oder Reisepass. Das Dokument muss noch mindestens sechs Monate gültig sein. Bei manchen Anbietern benötigst du zusätzlich einen Adressnachweis wie eine aktuelle Meldebescheinigung oder eine Stromrechnung, wenn diese nicht in deinem Ausweisdokument vermerkt ist.

Wichtig ist auch deine Steueridentifikationsnummer. Diese findest du auf deiner letzten Steuererklärung, einem Steuerbescheid oder du bekommst sie beim Bundeszentralamt für Steuern.

Der Online-Antrag: Schritt für Schritt

Solltest du dich dafür entscheiden, den Prozess online zu machen, sind hier die ersten konkreten Schritte. Gehe auf die Website deines gewählten Anbieters und klicke auf »Depot eröffnen« oder »Jetzt anmelden«. Du gelangst zu einem Formular, das du Schritt für Schritt ausfüllst. Dabei gibst du deine persönlichen Daten ein: Name, Adresse, Geburtsdatum, Telefonnummer und E-Mail-Adresse. Achte darauf, dass alle Angaben exakt mit deinen Ausweispapieren übereinstimmen, sonst kann es später bei der Identitätsprüfung zu Problemen kommen. Das Ganze kannst du natürlich auch mit einer App machen, die Angaben, die abgefragt werden, bleiben gleich.

Oft kommen an diesem Punkt Fragen zu deiner Anlageerfahrung. Hier fragt der Anbieter, ob du schon mal Aktien oder ETFs gekauft hast, wie gut du dich mit verschiedenen Finanzprodukten auskennst und wie risikobereit du bist. Diese Fragen sind gesetzlich vorgeschrieben und dienen deinem Schutz. Sei ehrlich, denn es ist völlig in Ordnung, als Anfänger:in wenig Erfahrung zu haben. Dadurch werden dir nur Produkte angeboten, die zu deinem Wissensstand passen.

Manchmal wirst du auch gefragt, welche Art von Konto du möchtest. Die meisten Menschen wählen ein einzelnes Konto nur für sich selbst. Alternativ gibt es Gemeinschaftskonten für Paare oder Eltern können Konten für ihre minderjährigen Kinder eröffnen.

Die Identitätsprüfung

Die Identitätsprüfung ist ein wichtiger Schritt für deine Sicherheit. Die Anbieter sind gesetzlich dazu verpflichtet, deine Identität zweifelsfrei festzustellen, bevor sie ein Konto für dich eröffnen. Damit stellen sie sicher, dass du auch wirklich du bist. Das dient dem Schutz vor Geldwäsche und Betrug. Wir haben die drei häufigsten Identitätsprüfungen und deren Abläufe für dich aufgeschlüsselt. Du solltest aber wissen, dass es auch andere Wege gibt und du diesen Prozess auch direkt vor Ort bei deiner Bank machen kannst.

VideoIdent: Das VideoIdent-Verfahren ist eine beliebte Option, weil es schnell und bequem ist. Du führst einen Videoanruf mit einem Mitarbeitenden der Bank oder eines spezialisierten Dienstleisters. Das geht über deinen Computer, dein Tablet oder dein Smartphone. Dazu brauchst du eine stabile Internetverbindung und eine funktionierende Kamera. Der Anbieter schickt dir einen Link per E-Mail, über den du den Videochat startest.

Der Mitarbeitende führt dich durch den Prozess. Du zeigst deinen Ausweis in die Kamera, sowohl die Vorder- als auch die Rückseite. Der Mitarbeitende prüft die Sicherheitsmerkmale wie Hologramme und vergleicht das Foto mit dir. Du musst deinen Ausweis auch bewegen und kippen, damit der Mitarbeitende sieht, dass es sich um ein echtes Dokument handelt. Manchmal wirst du gebeten, ein paar Sicherheitsfragen zu beantworten oder deine Adresse zu bestätigen. Das Ganze dauert meistens 5 bis 10 Minuten.

Das VideoIdent-Verfahren ist normalerweise täglich von 8 bis 22 Uhr verfügbar, bei manchen Anbietern sogar rund um die Uhr und am Wochenende. Du musst keine Termine vereinbaren, sondern wirst einfach mit dem nächsten freien Mitarbeitenden verbunden. Es kann aber passieren, dass du ein paar Minuten warten musst, besonders zu Stoßzeiten.

PostIdent: Falls du lieber den manuellen Weg gehst oder technische Probleme hast, kannst du das PostIdent-Verfahren nutzen. Dabei druckst du einen speziellen Coupon aus, den du per E-Mail erhältst. Mit diesem Coupon und deinem Ausweis gehst du in eine Filiale der Deutschen Post. Der Mitarbeitende dort prüft deine Identität und schickt die Unterlagen zurück an deinen Anbieter. Das PostIdent-Verfahren ist kostenlos, dauert aber länger, weil du zur Post gehen musst und die Unterlagen per Post verschickt werden.

eID-Verfahren: Manche Anbieter bieten auch das moderne eID-Verfahren an. Dafür brauchst du einen neuen Personalausweis mit aktivierter Online-Funktion und ein Smartphone mit NFC-Technik. Du hältst den Ausweis an dein Handy und gibst deine Ausweis-PIN ein. Das funktioniert automatisch, ohne dass ein Mitarbeitender dabei ist. Allerdings haben noch nicht alle Menschen die Online-Funktion ihres Ausweises freigeschaltet.

Vertragsunterlagen

Nach der erfolgreichen Identitätsprüfung versendet der Anbieter die Vertragsunterlagen. Das sind die Allgemeinen Geschäftsbedingungen, Preis- und Leistungsverzeichnisse und weitere rechtliche Dokumente. Diese kannst du meist digital unterschreiben oder sie werden dir per Post zugeschickt. Lies dir die wichtigsten Punkte durch, vor allem die Kosten und deine Rechte und Pflichten. Wenn du eine App-Lösung hast, findest du diese Dokumente auch oft direkt in der App.

Kontoeröffnung und erste Einzahlung

Sobald alle Unterlagen vollständig vorliegen und geprüft sind, wird dein Konto freigeschaltet. Das kann von wenigen Stunden bis hin zu 3 Werktage nach der Identitätsprüfung dauern. Du erhältst deine Zugangsdaten und eventuell zusätzliche Sicherheitscodes in der App, per E-Mail oder Post. Manche Anbieter verschicken diese Daten aus Sicherheitsgründen in getrennten Briefen.

Jetzt ist dein Investment-Konto eröffnet. Bevor du aber investieren kannst, musst du Geld auf dein Konto überweisen. Das funktioniert wie eine normale Banküberweisung. Du bekommst eine Kontonummer und Bankleitzahl oder IBAN deines neuen Kontos. Diese findest du in den

Kontounterlagen oder in der App. Überweise den gewünschten Betrag von deinem Girokonto. Die erste Überweisung kann manchmal 1 bis 2 Werktage dauern. Sobald dein Geld angekommen ist, kannst du deine ersten Investments tätigen.

Ein häufiger Stolperstein sind die Handelszeiten, also wann du investieren kannst. In der Regel ist der Handel von 9 bis 17.30 Uhr geöffnet. Am Wochenende und an Feiertagen ist normalerweise kein Handel möglich. Informiere dich bei deinem Anbieter über die genauen Zeiten.

Merke dir:

- Die Kontoeröffnung dauert zwischen ein paar Stunden und 1 bis 3 Werktage und läuft größtenteils online ab.
- Du brauchst einen gültigen Ausweis, gegebenenfalls eine Meldebescheinigung sowie deine Steueridentifikationsnummer.

Aktivität: Deine Depot-Eröffnung in 7 Schritten durchführen

Das Ziel dieser Übung ist es, dass du am Ende dein erstes Investment-Konto erfolgreich eröffnet hast und bereit für deine ersten Investments bist.

Schritt 1: Anbieter auswählen und Kosten abklären

Bevor du mit der eigentlichen Eröffnung beginnst, entscheide dich für einen Anbieter. Vergleiche die Kosten (Depotführung, Ordergebühren), schaue dir die verfügbaren Produkte an und prüfe, welche Identitätsprüfungsverfahren angeboten werden. Notiere dir auch die Mindesteinlage, falls vorhanden.

Schritt 2: Dokumente bereitlegen

Prüfe, ob dein Personalausweis oder Reisepass noch mindestens sechs Monate gültig ist. Falls nicht, beantrage rechtzeitig ein neues Dokument. Besorge dir eine aktuelle Meldebescheinigung bei deinem Einwohnermeldeamt oder online über das Bürgerportal. Suche deine Steueridentifikationsnummer heraus. Du findest diese auf der letzten Steuererklärung oder einem Steuerbescheid. Lege deine letzten drei Gehaltsabrechnungen bereit, falls der Anbieter einen Einkommensnachweis verlangt.

Schritt 3: Online-Antrag ausfüllen

Gehe auf die Website deines gewählten Anbieters und klicke auf »Depot eröffnen«. Fülle das Formular Schritt für Schritt aus: persönliche Daten, Kontaktinformationen, Art des Depots. Sei bei den Fragen zur Anlageerfahrung ehrlich. Als Anfänger:in wenig Erfahrung zu haben ist völlig normal. Überprüfe alle Angaben doppelt, sie müssen exakt mit deinen Ausweispapieren übereinstimmen.

Schritt 4: Identität bestätigen

Wähle dein bevorzugtes Identitätsprüfungsverfahren. VideoIdent ist am schnellsten. Du führst einen 5 bis 10 Minuten dauernden Videoanruf durch und zeigst deinen Ausweis in die Kamera. Sorge für eine ruhige, gut beleuchtete Umgebung und eine stabile Internetverbindung. Alternativ kannst du PostIdent nutzen. Drucke den Coupon aus und gehe damit zur nächsten Postfiliale.

Schritt 5: Unterlagen prüfen und unterschreiben

Du erhältst die Vertragsunterlagen per E-Mail oder Post. Lies dir die wichtigsten Punkte durch: die Kosten, deine Rechte und Pflichten. Unterschreibe digital oder per Hand und sende alles zurück. Wichtig: Richte jetzt schon deinen Freistellungsauftrag ein, damit deine ersten 1 000 Euro Gewinne steuerfrei bleiben.

Schritt 6: Erste Einzahlung vorbereiten
Sobald dein Depot freigeschaltet ist (meist 1 bis 3 Werktage nach der Identitätsprüfung), erhältst du deine Zugangsdaten und Kontoverbindung. Logge dich ein, ändere dein Passwort und richte die Zwei-Faktor-Authentifizierung ein. Überweise dann den gewünschten Betrag von deinem Girokonto – beachte eventuelle Mindestbeträge.

Schritt 7: Erstes Investment tätigen
Nach 1 bis 2 Werktagen ist dein Geld angekommen. Jetzt kannst du loslegen. Suche nach der gewünschten Aktie oder dem ETF über den Namen oder die ISIN-Nummer. Gib an, wie viel du investieren möchtest, prüfe die Orderdetails und bestätige den Kauf. Glückwunsch, du bist jetzt Investor:in!

Folge diesem QR-Code, um eine Übersicht über Banken, Online-Broker und Investment-Apps zu erhalten.

Die wichtigsten Fragen an deine Bank oder deinen Vermögensverwalter

Bevor du dich für eine:n Bankberater:in oder einen Vermögensverwalter entscheidest, solltest du diese wichtigen Fragen stellen. Damit schützt du dich vor teuren Fehlentscheidungen und stellst sicher, dass die Beratung wirklich zu dir passt.

Zur Qualifikation und Erfahrung

»Welche Qualifikationen haben Sie, und wie lange arbeiten Sie bereits in der Finanzberatung?«
Warum wichtig: Die Person sollte eine entsprechende Ausbildung haben und mehrjährige Erfahrung vorweisen können. Frag nach konkreten Zertifizierungen wie einem BWL-Studium, einer Bankausbildung oder speziellen Finanzberaterzertifikaten.

Zu den Kosten

»Wie verdient die Bank Geld? Erhalten Sie Provisionen von den Produktanbietern?«
Warum wichtig: Viele Berater:innen verdienen durch Provisionen der Banken oder Versicherungen. Sie empfehlen oft die Produkte, die ihnen das meiste Geld bringen, nicht die besten für dich. Honorarberater:innen sind meist objektiver.

»Was kostet es mich pro Jahr in Euro?«
Warum wichtig: Du musst die Gesamtkosten kennen. Dazu gehören Beratungsgebühren, Produktkosten, Ausgabeaufschläge und laufende Gebühren. Oft summiert sich das auf 2 bis 4 Prozent deiner Anlagesumme pro Jahr.

»Welche Kosten gibt es, bitte schlüsseln Sie alle Kosten auf?«
Warum wichtig: Viele Berater:innen sprechen nicht über Ausgabeaufschläge (oft 3 bis 5 Prozent), Management- oder Performance-Gebühren. Diese können deine Rendite erheblich schmälern.

Zur Anlagestrategie

»Welche Anlagestrategie empfehlen Sie mir und warum?«
Warum wichtig: Die Strategie sollte zu deinen Zielen, deiner Risikobereitschaft und deinem Zeithorizont passen. Gute Berater:innen erklären das ausführlich und verständlich.

»Warum empfehlen Sie diese spezifischen Produkte?«
Warum wichtig: Die Begründung sollte sich auf deine Situation beziehen, nicht auf die Provision des Beratenden. Besonders bei aktiv verwalteten Fonds solltest du kritisch nachfragen.

»Wie oft würden Sie mein Investment umschichten?«
Warum wichtig: Häufiges Umschichten kann zusätzliche Kosten erzeugen und mindert oft die Rendite. Bei langfristigen Zielen sind wenige Änderungen meist besser.

»Welche Rendite kann ich realistisch erwarten?«
Warum wichtig: Seriöse Berater:innen machen keine unrealistischen Versprechungen. Bei Aktienanlagen sind langfristig 5 bis 7 Prozent Rendite realistisch, alles darüber sollte dich misstrauisch machen.

»Erhalte ich alle Empfehlungen auch schriftlich?«
Warum wichtig: Alle wichtigen Punkte sollten dokumentiert werden, damit du später nachvollziehen kannst, was besprochen wurde.

»Können Sie mir die Kosten und Risiken in einfachen Worten erklären?«
Warum wichtig: Gute Berater:innen können komplexe Sachverhalte verständlich erklären. Wenn du nach der Beratung nicht genau weißt, was passiert, war die Beratung schlecht.

Wichtige Warnsignale

Lass die Finger weg, wenn der Beratende

- Dich unter Zeitdruck setzt (»Das Angebot gilt nur heute«).
- Unrealistische Renditen verspricht (mindestens +10 Prozent pro Jahr sicher).
- Keine klaren Antworten zu Kosten gibt.

- Hauptsächlich komplexe Produkte empfiehlt.
- Dir rät, einen Kredit für Investments aufzunehmen.

ETF-Übersicht

Hier findest du eine Übersicht beliebter ETFs. Diese Beschreibungen sollen dir helfen zu verstehen, in welche Regionen und Unternehmen du mit diesen ETFs investierst.

MSCI World

Der MSCI World ist einer der beliebtesten ETFs weltweit. Mit diesem ETF investierst du gleichzeitig in etwa 1 500 Unternehmen aus 23 verschiedenen Ländern.[73] Du bist damit automatisch in elf verschiedenen Branchen investiert, von Technologie über Gesundheit bis hin zu Energie.

In welche Länder investierst du?
Du investierst hauptsächlich in wirtschaftlich stabile Länder wie die USA, Deutschland, Japan, Kanada und Frankreich. Diese Länder haben gefestigte politische Systeme und starke Wirtschaftsstrukturen.

Warum ist der USA-Anteil so hoch?
Etwa 70 Prozent des MSCI World entfallen auf die USA.[74] Das liegt daran, dass viele der wertvollsten Unternehmen der Welt dort ihren Sitz haben: Apple, Microsoft, Amazon und Alphabet (die Firma hinter Google). Diese Unternehmen sind extrem erfolgreich und wertvoll, deshalb ist ihr hohes Gewicht im ETF auch sinnvoll.

Für wen eignet sich dieser ETF?
Der MSCI World wird oft als Grundbaustein für den Einstieg empfohlen, weil du mit einem einzigen ETF bereits sehr breit gestreut investierst. Er bildet etwa 85 Prozent der Aktienmärkte in den jeweiligen Ländern ab.[75]

S&P 500

Mit dem S&P 500 investierst du in die 500 größten Unternehmen der USA. Dazu gehören bekannte Namen wie Amazon, Tesla, Meta (das Unternehmen hinter Facebook) und Alphabet (Google).[76]

Was bedeutet S&P?
S&P steht für »Standard and Poor's«, eine amerikanische Rating-Agentur, die die Bonität von Unternehmen und Ländern bewertet.

Wichtig zu wissen: Überschneidungen mit dem MSCI World
Falls du bereits in den MSCI World investierst, solltest du beachten, dass es viele Überschneidungen gibt. Beide ETFs enthalten viele der gleichen US-amerikanischen Unternehmen. Wenn du beide ETFs kaufst, denkst du vielleicht, du hättest dein Geld breit verteilt. In Wirklichkeit hast du aber viele Unternehmen doppelt im Depot. Das nennt man auch Schein-Diversifikation. Es sieht nach Streuung aus, ist aber weniger gestreut als gedacht.

Für wen eignet sich dieser ETF? Wenn du gezielt auf die größten US-Unternehmen setzen möchtest, ist der S&P 500 eine gute Wahl. Falls du bereits den MSCI World besitzt, ist es sinnvoll, den S&P-500-Anteil kleinzuhalten.

MSCI Emerging Markets

Mit diesem ETF investierst du in Schwellenländer wie China, Taiwan, Südkorea und Indien. Diese Länder befinden sich in einer Phase starken wirtschaftlichen Wachstums. Der Index umfasst 24 Schwellenländer mit etwa 1 200 Unternehmen.[77]

Warum in Schwellenländer investieren?
Schwellenländer tragen zur Hälfte zum weltweiten Wirtschaftswachstum bei.[78] Ihre Wirtschaft wächst oft deutlich schneller als in bereits entwickelten Ländern. Durch die zunehmende Globalisierung konnten diese Länder in den letzten Jahren ihre Position am Weltmarkt stark ausbauen.

Was sind die Risiken?
Die politischen und wirtschaftlichen Systeme in Schwellenländern sind weniger stabil als in Ländern wie Deutschland oder den USA. Es kann Herausforderungen wie politische Unsicherheit, weniger entwickelte Rechtsstrukturen oder wirtschaftliche Schwankungen geben. Das führt dazu, dass deine Investition stärker schwanken kann.

Chancen und Risiken
Ein höheres Risiko kann auch höhere Gewinnchancen bedeuten, weil diese Märkte schneller wachsen. Dieser ETF ist besonders für diejenigen interessant, die bereit sind, etwas mehr Schwankungen in Kauf zu nehmen.

Für wen eignet sich dieser ETF?
Wenn du langfristig am Wachstum aufstrebender Wirtschaftsregionen teilhaben möchtest und mit stärkeren Schwankungen leben kannst, kann dieser ETF eine sinnvolle Ergänzung sein.

DAX

Mit dem DAX investierst du in die 40 umsatzstärksten Unternehmen Deutschlands. Seit September 2021 umfasst der DAX 40 Unternehmen, davor waren es 30.[79]

Welche Unternehmen sind dabei?
Viele davon kennst du aus dem Alltag: Adidas, Zalando, Deutsche Telekom, BMW oder die Deutsche Bank. DAX steht für »Deutscher Aktienleitindex«.[80]

Was ist der Home Bias?
Viele Menschen investieren besonders gerne in Unternehmen aus ihrem eigenen Land. Das nennt man Home Bias (Heimatneigung). Das liegt daran, dass diese Unternehmen vertrauter erscheinen. Vielleicht kennst du jemanden, der dort arbeitet, oder du nutzt die Produkte täglich.

Warum ist das problematisch?
Wenn du nur oder hauptsächlich in deutsche Unternehmen investierst, verpasst du möglicherweise das Wachstum in anderen Regionen der Welt. Andere Länder und Märkte, besonders in Amerika oder Asien, wachsen teilweise deutlich schneller als Deutschland.

Für wen eignet sich dieser ETF?
Der DAX kann eine gute Beimischung sein, wenn du gezielt in deutsche Unternehmen investieren möchtest. Wichtig ist aber, dass du dein Geld auch über andere Länder und Regionen verteilst, um wirklich breit gestreut zu sein.

MSCI All Country World Index (ACWI)

Der MSCI ACWI ist die erweiterte Version des MSCI World. Mit diesem ETF investierst du in etwa 2 900 Unternehmen aus 47 Ländern weltweit, sowohl aus Industrieländern als auch aus Schwellenländern.[81]

Was ist der Unterschied zum MSCI World?
Während der MSCI World nur Industrieländer abdeckt, kombiniert der ACWI diese mit Schwellenländern. Du bekommst also beides in einem ETF, die Stabilität entwickelter Märkte und das Wachstumspotenzial aufstrebender Regionen.

Wie ist die Aufteilung?
Etwa 88 Prozent des ETFs entfallen auf Industrieländer und etwa 12 Prozent auf Schwellenländer.[82] Damit hast du automatisch eine Mischung, ohne selbst mehrere ETFs kombinieren zu müssen.

Für wen eignet sich dieser ETF?
Der ACWI ist ideal, wenn du mit einem einzigen ETF möglichst die ganze Welt abdecken möchtest. Er eignet sich besonders für alle, die eine einfache Lösung suchen und nicht mehrere ETFs selbst zusammenstellen wollen.

STOXX Europe 600

Mit dem STOXX Europe 600 investierst du in 600 Unternehmen aus 17 europäischen Ländern. Dazu gehören sowohl große als auch mittelgroße Unternehmen aus der gesamten EU, der Schweiz, Norwegen und Großbritannien.[83]

Welche Unternehmen sind dabei?
Bekannte Namen sind zum Beispiel Nestlé, LVMH (Luxusgüter), Novo Nordisk (Pharma), ASML (Halbleitertechnologie) oder SAP. Du investierst in verschiedenste Branchen von Luxusgütern über Pharma bis zur Technologie.

Warum Europa?
Europa hat viele etablierte, weltweit erfolgreiche Unternehmen. Gleichzeitig ist die europäische Wirtschaft oft stabiler und weniger anfällig für extreme Schwankungen als andere Regionen. Mit diesem ETF deckst du den gesamten europäischen Kontinent ab, nicht nur Deutschland.

Für wen eignet sich dieser ETF?
Dieser ETF eignet sich, wenn du gezielt in Europa investieren möchtest, aber breiter als nur in Deutschland streuen willst. Er kann eine gute Ergänzung zum MSCI World sein, wenn du dein Europa-Gewicht erhöhen möchtest.

Nasdaq 100

Der Nasdaq 100 umfasst die 100 größten Technologie- und Wachstumsunternehmen, die an der amerikanischen Technologiebörse Nasdaq gelistet sind.[84] Anders als der S&P 500 konzentriert sich dieser ETF stark auf Technologie und Innovation.

Welche Unternehmen sind dabei?
Hier findest du die großen Tech-Namen: Apple, Microsoft, Amazon, Nvidia, Tesla, Alphabet (Google) und Meta (Facebook).[85] Etwa 50 Prozent

des ETFs entfällt auf reine Technologie-Unternehmen, weitere Anteile auf innovative Branchen wie E-Commerce oder Biotechnologie.

Was macht diesen ETF besonders?
Der Nasdaq 100 ist deutlich konzentrierter auf Technologie als andere ETFs. Das bedeutet: Er kann in guten Zeiten für Tech-Unternehmen stark wachsen, schwankt aber auch mehr als breit gestreute ETFs.

Wichtig zu wissen
Da auch der MSCI World und der S&P 500 viele dieser Technologie-Unternehmen enthalten, gibt es hier ebenfalls Überschneidungen. Wenn du bereits einen dieser ETFs besitzt, würdest du mit dem Nasdaq 100 dein Tech-Gewicht deutlich erhöhen.

Für wen eignet sich dieser ETF?
Der Nasdaq 100 ist für dich interessant, wenn du gezielt auf Technologie und Innovation setzen möchtest und mit höheren Schwankungen umgehen kannst. Er sollte eher als Beimischung genutzt werden.

Auflösungen

Auflösung zur Übung auf S. 99:

1. Besitzer/einer der Besitzer:innen
2. fällt/sinkt
3. riskant/gefährlich
4. Unternehmen/Aktien

Auflösung zur Übung auf S. 101:

b) 100 Euro in zehn verschiedene Aktien aus unterschiedlichen
a) Apple, Coca-Cola, Siemens und Toyota
b) In Technologie, Gesundheit, Lebensmittel und Energie investieren

Auflösung zur Übung auf S. 103:

a (Richtig) – ETFs können Hunderte bis Tausende Aktien enthalten.
b (Falsch) – Ein Unternehmen macht nur einen winzigen Teil des ETFs aus.
a (Richtig) – Viele Broker bieten Sparpläne ab 25 Euro an.
b (Falsch) – Der MSCI World enthält Unternehmen aus 23 Ländern.

Auflösung zur Übung auf S. 107:

b – MSCI World: über 1 500 Unternehmen aus 23 Ländern
c – S&P 500: die 500 größten amerikanischen Unternehmen
a – DAX: die 40 größten deutschen Unternehmen
d – Nasdaq 100: die 100 größten Technologie-Unternehmen der USA

Auflösung zur Übung auf S. 143:

B) Unternehmen finanzieren große Projekte oft über Anleihen.
C) Anleihenbesitzer:innen stehen vor Aktionär:innen in der Warteschlange.
B) Das ist der große Vorteil der Risikostreuung.

Auflösung zur Übung auf S. 145:

A) Anna: 7 000 Euro (-30 Prozent), Ben: 8 280 Euro (-17,2 Prozent), Clara: 10 200 Euro (+2 Prozent)

A) Anna profitiert am meisten, Clara gar nicht.

B) Balance zwischen Wachstum und Stabilität

Auflösung zur Übung auf S. 178:

Portfolio A: Apple ist in allen vier ETFs eine Top-Position mit insgesamt über 40 Prozent Gewichtung. Wenn Apple fällt, verlierst du überall gleichzeitig.

Portfolio B: Apple macht nur 4 Prozent des MSCI World aus. Wenn Apple fällt, können Anleihen, Rohstoffe oder Immobilien stabil bleiben oder sogar steigen.

Auflösung zur Übung auf S. 181:

c) Sie bleiben vollständig in deinem Besitz.

b) Wertpapiere werden getrennt vom Bankvermögen aufbewahrt.

b) Du bekommst deine ETFs auf dein neues Depot übertragen.

b) An der UCIT-Bezeichnung im Namen.

Auflösung zur Übung auf S. 184:

b) 100 000 Euro

b) Bargeld wird von der Bank weiterverliehen, Wertpapiere gehören dir persönlich.

c) Für Giro-, Tagesgeld-, Festgeld- und Verrechnungskonten.

d) Innerhalb von sieben Arbeitstagen.

c) Schutz erhöht sich auf 200 000 Euro.

Auflösung zur Übung auf S. 191:

b) Österreich mit 27,5 Prozent

a) Nur in Deutschland (1 000 Euro)

b) Eine Mindestbesteuerung für thesaurierende ETFs

b) Jeden Januar für das Vorjahr

c) Schweiz wegen der steuerfreien Kapitalgewinne

Glossar

A

AAA-Rating: Beste Bewertung für die Kreditwürdigkeit eines Landes.

Abgeltungssteuer: Deutsche Steuer auf Kapitalerträge von 25 Prozent plus Solidaritätszuschlag und eventuell Kirchensteuer.

Aktie: Ein Wertpapier, das einen kleinen Besitzanteil an einem Unternehmen darstellt.

Aktive Verwaltung: Fondsmanager:innen treffen aktive Entscheidungen über Käufe und Verkäufe.

Algorithmus-Manipulation: Online-Shops nutzen deine Daten, um dich gezielt zum Kauf zu verleiten.

Anlageberatung: Persönliche Empfehlung für bestimmte Wertpapiere basierend auf deiner individuellen Situation.

Anlagehorizont: Wie lange du planst, dein Geld investiert zu lassen.

Anleihe: Ein Wertpapier, bei dem du einem Staat oder Unternehmen Geld leihst und dafür Zinsen bekommst.

Ankereffekt: Psychologischer Trick, bei dem der erste gesehene Preis alle folgenden Preise beeinflusst.

Aufteilung (Asset Allocation): Wie du dein Geld auf verschiedene Anlageformen verteilst (zum Beispiel 70 Prozent Aktien-ETFs, 30 Prozent Anleihen-ETFs).

Ausschlusskriterien: Regeln, die bestimmte Unternehmen oder Branchen von vornherein aus einem Fonds ausschließen; diese findest du in der ETF-Beschreibung, dem sogenannten KIID.

Ausschüttend: Ausschüttung der Dividenden auf dein Konto. Erkennbar am Zusatz »Dist« (Distributing) im Namen.

Ausschüttungen: Regelmäßige Zahlungen von Anlagen (wie »Zinsen«), ohne das Kapital zu verkaufen.

B

BaFin: Bundesanstalt für Finanzdienstleistungsaufsicht, die deutsche Finanzaufsichtsbehörde, die Banken, Versicherer und Wertpapierfirmen überwacht.

Best-in-Class: Auswahl der nachhaltigsten Unternehmen pro Branche oder Sektor.

Börsenindex: Ein Maß, das die durchschnittliche Entwicklung vieler Unternehmen zeigt.

Branche: Ein Wirtschaftsbereich wie Automobil, Technologie oder Pharma.

Branchen-ETF: ETF, der nur in Unternehmen einer bestimmten Wirtschaftsbranche investiert (weniger diversifiziert).

Bundesanleihe: Offizielle Bezeichnung für deutsche Staatsanleihen.

C

Cashback: Rückerstattung eines Teils des Kaufpreises, oft als Köder für mehr Ausgaben genutzt.

Coupon: Die regelmäßigen Zinszahlungen, die du für deine Anleihe erhältst (meist jährlich).

D

DAX: Die deutsche Liste mit den 40 wichtigsten deutschen Unternehmen.

Demokratischer Wandel: Immer weniger Kinder werden geboren und die Menschen werden älter.

Depot: Dein digitales »Schließfach« für Investments, in dem deine Aktien, Fonds und andere Wertpapiere elektronisch verwahrt werden.

Deutsche Staatsanleihe: Eine Anleihe der Bundesrepublik Deutschland, diese gilt als eine der sichersten Geldanlagen weltweit.

Developed Markets: Länder mit stabilen politischen Systemen, ausgebauten Finanzmärkten und funktionierenden Rechtssystemen, wie USA, Deutschland oder Japan.

Diversifikation: Die Verteilung des Geldes auf viele verschiedene Anlagen zur Risikominderung.

Dividenden: Gewinnausschüttungen von Unternehmen an ihre Aktionär:innen.

Dollar-Cost-Averaging: Regelmäßig investieren, um einen Durchschnittspreis zu erzielen.

Drei-Säulen-System: Deutsches Konzept der Altersvorsorge mit gesetzlicher Rente (Säule 1), betrieblicher Altersvorsorge (Säule 2) und privater Vorsorge (Säule 3), die zusammen die Rente bilden sollen.

E

Einlagensicherung: Gesetzlicher Schutz für dein Bargeld auf Bankkonten bis zu 100 000 Euro pro Person und Bank.

Eiserne Reserve: Anderer Begriff für Notgroschen; Geld, das nur für echte Notfälle angetastet wird.

Emerging Markets/Schwellenländer: Länder mit schnell wachsenden Wirtschaften, aber weniger stabilen politischen und finanziellen Systemen als entwickelte Länder.

Entsparen: Das systematische Entnehmen von Geld aus Investitionen.

ESG: Environmental, Social, Governance: Bewertung nach Umwelt-, Sozial- und Führungskriterien.

ESG-Kriterien: Bewertungsmaßstäbe für Environmental (Umwelt), Social (Soziales) und Governance (Unternehmensführung).

ETF (Exchange Traded Fund): Ein Investmentfonds, der an der Börse gehandelt wird.

ETF-Anbieter: Das Finanzunternehmen, das den ETF auflegt und verwaltet (wie iShares oder Vanguard).

EU-Taxonomie: Europäisches Regelwerk, das definiert, was als »ökologisch nachhaltig« gilt.

Europäische Zentralbank (EZB): Die Institution, die in Europa die Geldpolitik steuert und versucht, die Preissteigerungen zu kontrollieren.

Existenzielle Ausgaben: Kosten, die unmittelbar deine Lebensgrundlage betreffen (Job, Gesundheit, Wohnen).

Exposure: Wie stark dein Portfolio einem bestimmten Thema oder einer Branche ausgesetzt ist.

F

Festgeld: Eine Form der Geldanlage, bei der dein Geld für eine vorher festgelegte Laufzeit zu einem festen Zinssatz sicher angelegt wird.

Fixe Ausgaben: Kosten, die jeden Monat gleichbleiben und die du durch bestehende Verträge eingegangen bist, wie Miete, Versicherungen oder Handyvertrag.

Flexible Ausgaben: Kosten, die du jeden Monat neu bestimmen kannst, wie Lebensmittel, Kleidung oder Freizeitaktivitäten.

Fonds: Ein Investmentfonds bündelt das Geld vieler Anleger:innen und investiert es aktiv in verschiedene Wertpapiere.

Fondsmanager:in: Spezialist:innen, die entscheiden, welche Unternehmen gekauft und verkauft werden.

Freistellungsauftrag: Dein persönlicher Steuerfreibetrag für Kapitalerträge, sodass die ersten 1 000 Euro Gewinne pro Jahr steuerfrei bleiben.

G

Geldentwertung (Inflation): Wenn die Preise über die Zeit steigen und du dir mit dem gleichen Geld weniger kaufen kannst.

Gesamtrisiko: Das Risiko des gesamten angelegten Geldes.

Gläubiger: Du als Anleihenbesitzer:in bist Gläubiger:in des Unternehmens.

Greenwashing: Wenn Unternehmen durch Marketing nachhaltiger wirken wollen, als sie sind.

H

Home Bias: Die natürliche Neigung von Menschen, lieber in ihrem Heimatland zu investieren, weil es sich vertrauter und sicherer anfühlt.

I

Immobilien-ETF: ETF, der in REITs investiert.

Index: Eine »Einkaufsliste« mit Unternehmen, die nach festen Regeln zusammengestellt wurde.

Index-Anbieter: Spezialisierte Firmen wie MSCI oder S&P, die diese Listen erstellen.

Inflationsrate: Der Prozentsatz, um den die Preise in einem Jahr gestiegen sind.

Insolvenzrangfolge: Reihenfolge, in der Gläubiger bei einer Insolvenz ihr Geld zurückbekommen.

Institutssicherung: Besonders starker Schutz bei Sparkassen und Volksbanken, die ihre Partner vor der Pleite bewahren.

Investment Grade: Sichere Anleihen mit Rating von AAA bis BBB.

ISIN: Die internationale Wertpapierkennnummer, eine Art »Personalausweisnummer« für jede Aktie oder jeden Fonds.

K

Kapitalertragsteuer (KESt): Österreichische Steuer auf Kapitalerträge von 27,5 Prozent (25 Prozent bei Sparzinsen).

Kaufkraft: Was du dir mit deinem Geld wirklich leisten kannst. Wenn die Preise steigen, sinkt die Kaufkraft, auch wenn der Betrag auf deinem Konto gleichbleibt oder sogar wächst.

Klumpenrisiko: Hohes Risiko, weil alle Investments in einem ähnlichen Bereich liegen, ohne die gewohnte Diversifikation.

Korrelation: Wie stark sich verschiedene Anlagen in die gleiche Richtung bewegen.

L

Langfristiges Investieren: Eine Strategie, bei der du über 10+ Jahre investierst, ohne dich von Schwankungen verunsichern zu lassen.

Laufzeit: Der Zeitraum, für den du dein Geld verleihst (zum Beispiel 5 Jahre), danach bekommst du dein Geld zurück.

Liquiditätsreserve: Fachbegriff für verfügbare Geldmittel in Krisenzeiten.

M

Marktkapitalisierung: Der Gesamtwert aller Aktien eines Unternehmens an der Börse. Größere Unternehmen haben höhere Marktkapitalisierung

Market Timing: Der Versuch, den perfekten Kauf- und Verkaufszeitpunkt zu finden.

Meldebescheinigung: Ein amtliches Dokument, das deine aktuelle Adresse bestätigt, diese bekommst du beim Einwohnermeldeamt.

MSCI Emerging Markets: Ein Index, der die größten Unternehmen aus Schwellenländern sammelt.

MSCI World: Ein beliebter Index mit über 1 500 Unternehmen aus entwickelten Ländern.

MSCI World ESG Screened: Eine nachhaltige Version des bekannten Weltaktienindex, die problematische Unternehmen ausschließt.

N

Nachhaltige Investments: Geldanlagen, die neben der Rendite auch ökologische und soziale Aspekte berücksichtigen.

Nettoeinkommen: Das Geld, das tatsächlich auf deinem Konto ankommt, nach Abzug von Steuern und Sozialabgaben.

Nettoersatzquote/Rentenquote: Prozentsatz des früheren Nettoeinkommens, der als Rente ausgezahlt wird (zum Beispiel 55 Prozent in Deutschland bedeutet: bei 2 000 Euro als letztem Gehalt gibt es 1 100 Euro Rente).

Nominalzins: Der Zinssatz, den die Bank dir zahlt, ohne Berücksichtigung der Inflation.

Non-Investment Grade/Junk Bonds: Riskante Anleihen mit Rating BB und schlechter.

Notgroschen: Finanzielle Reserve für unvorhergesehene Ausgaben, die jederzeit verfügbar sein muss.

P

Passive Verwaltung: Automatisches Kopieren eines Index ohne menschliche Entscheidungen.

PostIdent: Der klassische Weg zur Identitätsprüfung in einer Postfiliale, bei dem ein:e Postmitarbeiter:in deinen Ausweis prüft.

R

Realzins: Der Zinssatz minus die Inflationsrate. Wenn du 1 Prozent Zinsen bekommst und die Inflation 2 Prozent beträgt, ist dein Realzins -1 Prozent.

Rebalancing: Das Zurücksetzen deiner Geldanlage auf die ursprünglich geplante Aufteilung.

Rechtssystem: Die Gesetze und Gerichte eines Landes, die Eigentumsrechte und Verträge schützen und durchsetzen.

REIT (Real Estate Investment Trust): Spezielle Immobilien-Gesellschaft, die viele Immobilien besitzt.

Rendite: Der Gewinn, den du mit einer Geldanlage machst, meist in Prozent pro Jahr angegeben. Eine Rendite von 8 Prozent bedeutet, dass aus 100 Euro in einem Jahr 108 Euro werden.

Replikationsmethode: Das ist die Art und Weise, wie der ETF-Anbieter den Index nachbildet.

Risikostreuung (Diversifikation): Die Verteilung des Geldes auf viele verschiedene Anlagen zur Risikominderung.

Risiko-Typ: Wie gut du mit schwankenden Anlagen leben kannst.

Rohstoffe: Grundmaterialien wie Öl, Gold, Weizen oder Kupfer, die als Basis für andere Produkte dienen.

S

S&P 500: Die berühmteste »Liste« mit den 500 größten amerikanischen Unternehmen.

Schrittweises Entsparen: Verkauf von Investments in kleinen Portionen über längere Zeit.

Schwellenländer: Länder, deren Wirtschaft schnell wächst, aber noch nicht so entwickelt ist wie in Deutschland oder den USA, zum Beispiel China oder Indien.

Sondervermögen: Deine Wertpapiere werden getrennt vom Vermögen der Bank aufbewahrt und gehören rechtlich dir, nicht der Bank.

Sparplan: Eine automatische monatliche Investition in ETFs.

Sparen: Geld sicher zur Seite legen mit niedrigen Zinsen, jederzeit verfügbar.

SRI: Socially Responsible Investing: Sozial verantwortliches Investieren mit strengeren Ausschlusskriterien.

Staatsanleihen: Kredite, die du an Staaten vergibst. Dafür bekommst du regelmäßig Zinsen zurück.

Steueridentifikationsnummer: Deine persönliche, lebenslange Steuernummer, die jeder Deutsche vom Finanzamt zugeteilt bekommt.

Strategieänderung: Größere Anpassung deiner Grundaufteilung an dein Lebensalter (alle 5 bis 10 Jahre).

Stundenlohn-Regel: Kaufpreise in Arbeitsstunden umrechnen, um die echten »Kosten« zu sehen.

T

Tagesgeld: Tagesgeld ist eine flexible Geldanlage bei einer Bank, auf die du jederzeit zugreifen kannst und die täglich variabel verzinst wird.

Tagesgeldkonto: Sparkonto mit täglicher Verfügbarkeit und Zinsen, ideal für den Notgroschen.

TER (Total Expense Ratio): Die jährlichen Gesamtkosten deines ETFs in Prozent. Bei 0,2 Prozent und einem Investment von 10 000 Euro zahlst du 20 Euro pro Jahr TER.

Themen-ETF: ETF, der in Unternehmen investiert, die an einem bestimmten Zukunftstrend arbeiten.

Thesaurierend: Automatische Wiederanlage aller Dividenden in neue ETF-Anteile. Erkennbar am Zusatz »Acc« (Accumulating) im Namen.

Time in the Market: Wie lange du investiert bist (wichtiger als der Einstiegszeitpunkt).

U

Übergewichtung: Wenn eine Anlageklasse einen größeren Anteil hat als geplant.

Überschneidung: Wenn verschiedene ETFs die gleichen Unternehmen enthalten.

UCIT: Abkürzung für europäische ETFs, die besonders strenge Schutzvorschriften erfüllen müssen.

Umlageverfahren: Das Geld, das du heute einzahlst, geht sofort an die aktuellen Rentner:innen und wird nicht für dich angespart.

Unternehmensanleihen/Corporate Bonds: Kredite an Firmen mit höheren Zinsen als Staatsanleihen.

V

Verbraucherpreisindex: Ein Maßstab, der misst, wie sich die Preise für alltägliche Produkte entwickeln.

Verfügbares Geld: Der Betrag, der dir nach allen Ausgaben am Monatsende übrig bleibt.

VideoIdent: Ein Videoanruf zur Identitätsprüfung, bei dem du deinen Ausweis in die Kamera hältst und ein Mitarbeitender deine Identität bestätigt.

Volatilität: Das Maß für Schwankungen eines Investments. Hohe Volatilität bedeutet große Kursschwankungen nach oben und unten.

Vorabpauschale: Mindestbesteuerung für thesaurierende ETFs, die jährlich erhoben wird.

W

Währungsrisiko: Das Risiko, dass sich der Wert deines Investments ändert, weil sich Wechselkurse zwischen verschiedenen Währungen ändern.

Wirtschaftswachstum: Wie schnell die Wirtschaft eines Landes pro Jahr wächst, gemessen am Bruttoinlandsprodukt (BIP).

Wirtschaftszyklus: Die natürlichen Schwankungen einer Wirtschaft zwischen Wachstums- und Rückgangsphasen.

WKN: Deutsche sechsstellige Wertpapierkennnummer.

Z

Zeithorizont: Wie lange du auf dein Geld verzichten kannst beziehungsweise wie lange du es anlegen möchtest.

Zinseszinseffekt: Wenn du nicht nur auf dein ursprünglich angelegtes Geld Gewinne bekommst, sondern auch auf deine bereits erhaltenen Gewinne. Dadurch wächst dein Vermögen immer schneller.

Anmerkungen

1 DAI_24037_Aktionaerszahlen_2024_250108_150dpi.pdf [Internet]. [zitiert 29. September 2025]. Verfügbar unter: https://www.dai.de/fileadmin/user_upload/DAI_24037_Aktionaerszahlen_2024_250108_150dpi.pdf

2 Alvarez P. Charted: The World's Aging Population from 1950 to 2100 [Internet]. Visual Capitalist. 2023 [zitiert 29. September 2025]. Verfügbar unter: https://www.visualcapitalist.com/cp/charted-the-worlds-aging-population-1950-to-2100/

3 Zusammengefasste Geburtenziffer nach geografischen Großregionen (1950–2100) [Internet]. Bundesinstitut für Bevölkerungsforschung. [zitiert 29. September 2025]. Verfügbar unter: https://www.bib.bund.de/DE/Fakten/Fakt/W05-Zusammengefasste-Geburtenziffer-Grossregionen-1950–2100.html

4 Lebenserwartung in Deutschland nach Geburtsjahr [Internet]. [zitiert 29. September 2025]. Verfügbar unter: https://de.statista.com/statistik/daten/studie/273406/umfrage/entwicklung-der-lebenserwartung-bei-geburt-in-deutschland-nach-geschlecht/

5 World Bank Open Data [Internet]. [zitiert 29. September 2025]. Verfügbar unter: https://data.worldbank.org

6 Durchschnittliche Rentenhöhe von Frauen und Männern 2023 [Internet]. [zitiert 30. September 2025]. Verfügbar unter: https://www.wsi.de/de/einkommen-14619-durchschnittlicher-rentenzahlbetrag-von-frauen-und-maennern-14916.htm

7 Magische Grenze: So viele Rentner bekommen über 3.000 Euro im Monat [Internet]. [zitiert 29. September 2025]. Verfügbar unter: https://web.de/magazine/ratgeber/finanzen-verbraucher/3000-euro-monat-rente-beziehen-summe-41319300

8 Bundesmittel und Bundeszuschüsse: Staat erstattet Kosten für nicht beitragsgedeckte Leistungen [Internet]. Deutsche Rentenversicherung. 2025 [zitiert 3. Oktober 2025]. Verfügbar unter: https://www.deutsche-rentenversicherung.de/DRV/DE/Ueber-uns-und-Presse/Presse/Meldungen/2024/240719-bundesmittel-bundeszuschuss.html

9 Merkur.de. Beitragsprognosen für Rente und Krankenkassen: Es droht noch weniger Netto vom Brutto [Internet]. München: Merkur-Zeitung; Stand: 14.04.2025 [zitiert 9. November 2025]. Verfügbar unter: https://www.merkur.de/wirtschaft/beitragsprognosen-fuer-rente-und-krankenkassen-noch-weniger-netto-vom-brutto-zr-93683125.html

10 Bestand an Verträgen der betrieblichen Altersvorsorge (bAV) [Internet]. [zitiert 29. September 2025]. Verfügbar unter: https://www.gdv.de/gdv/statistik/statistiken-zur-deutschen-versicherungswirtschaft-uebersicht/lebensversicherung/bestand-an-vertraegen-der-betrieblichen-altersvorsorge-bav—188644

11 221231_MSCI_World-Rendite-Dreick_Web.pdf [Internet]. [zitiert 30. September 2025]. Verfügbar unter: https://www.dai.de/fileadmin/user_upload/221231_MSCI_World-Rendite-Dreick_Web.pdf

12 Inflationsrate im Jahr 2024 bei +2,2 Prozent [Internet]. Statistisches Bundesamt [zitiert 29. September 2025]. Verfügbar unter: https://www.destatis.de/DE/Presse/Pressemitteilungen/2025/01/PD25_020_611.html

13 Richter F. Infographic: U.S. Stock Ownership Is High But Unequally Distributed [Internet]. Statista; 2024 Aug [zitiert 29. September 2025]. Verfügbar unter: https://www.statista.com/chart/30224/share-of-americans-who-own-stock

14 DAI_24037_Aktionaerszahlen_2024_250108_150dpi.pdf [Internet]. [zitiert 29. September 2025]. Verfügbar unter: https://www.dai.de/fileadmin/user_upload/DAI_24037_Aktionaerszahlen_2024_250108_150dpi.pdf

15 Graham B, Buffett W, Zweig J. *Intelligent investieren: der Bestseller über die richtige Anlagestrategie*. 2. Auflage der Neuübersetzung. München: FBV; 2024

16 Ratgeber R. Fondskosten: Gebühren bei Fonds und ETFs auf einen Blick × finanzen.net [Internet]. Ratgeber: Wissenswertes rund um die Geldanlage × finanzen.net. 2020 [zitiert 29. September 2025]. Verfügbar unter: https://www.finanzen.net/ratgeber/auf-einen-blick-die-wichtigsten-fondskosten/

17 Kim CH, Kriwoluzky A. »Der Fall der T-Aktie: Börsencrashs können dauerhaft Investitionsentscheidungen von Haushalten negativ beeinflussen.« DIW Wochenber. 2021; 88: S. 423429

18 Sharma A, Prajapati B. »A Study of Overconfidence Bias on Investment Decision with Respect to Behavioral Finance.« Eur Econ Lett EEL. 12. November 2024; 14(4): S. 176–83

19 Behrends S. Konsumausgaben [Internet]. bpb.de. 2024 [zitiert 30. September 2025]. Verfügbar unter: https://www.bpb.de/kurz-knapp/zahlen-und-fakten/sozialbericht-2024/553197/konsumausgaben/

20 50–30–20: So einfach ist Sparen [Internet]. Sparkasse_de. [zitiert 29. September 2025]. Verfügbar unter: https://www.sparkasse.de/pk/ratgeber/finanzplanung/finanzen-und-haushalt/50–30–20-regel.html
21 Deutsche sparen vergleichsweise viel [Internet]. tagesschau.de. [zitiert 29. September 2025]. Verfügbar unter: https://www.tagesschau.de/wirtschaft/finanzen/sparen-deutschland-statistik-100.html
22 Sparrate berechnen: Geld zurücklegen leicht gemacht [Internet]. [zitiert 29. September 2025]. Verfügbar unter: https://www.hanseaticbank.de/klarmacher/sparen/optimale-sparrate-berechnen-wie-viel-geld-kannst-du-zuruecklegen
23 Sparrate berechnen: Geld zurücklegen leicht gemacht [Internet]. [zitiert 29. September 2025]. Verfügbar unter: https://www.hanseaticbank.de/klarmacher/sparen/optimale-sparrate-berechnen-wie-viel-geld-kannst-du-zuruecklegen
24 Konsumausgaben und Lebenshaltungskosten [Internet]. Statistisches Bundesamt. [zitiert 29. September 2025]. Verfügbar unter: https://www.destatis.de/DE/Themen/Gesellschaft-Umwelt/Einkommen-Konsum-Lebensbedingungen/Konsumausgaben-Lebenshaltungskosten/_inhalt.html
25 Tagesgeldkonto: Vor- und Nachteile × CosmosDirekt [Internet]. [zitiert 29. September 2025]. Verfügbar unter: https://www.cosmosdirekt.de/flexinvest/tagesgeldkonto-vor-und-nachteile/
26 Does Market Timing Work? [Internet]. Schwab Brokerage. [zitiert 29. September 2025]. Verfügbar unter: https://www.schwab.com/learn/story/does-market-timing-work
27 S&P 500 Returns since 1926 [Internet]. [zitiert 29. September 2025]. Verfügbar unter: https://www.officialdata.org/us/stocks/s-p-500/1926
28 Volkswagen Abgas-Skandal (2015) [Internet]. boerse.de. [zitiert 29. September 2025]. Verfügbar unter: https://www.boerse.de/boersenwissen/boersengeschichte/Volkswagen-Abgas-Skandal-2015–165
29 Lufthansa historische Kurse × Verlauf × Entwicklung × Historie [Internet]. boerse.de. [zitiert 29. September 2025]. Verfügbar unter: https://www.boerse.de/historische-kurse/Lufthansa-Aktie/DE0008232125
30 Zoom Video Communications historische Kurse × Verlauf × Entwicklung × Historie [Internet]. boerse.de. [zitiert 29. September 2025]. Verfügbar unter: https://www.boerse.de/historische-kurse/Zoom-Video-Communications-Aktie/US98980L1017
31 Netflix historische Kurse × Verlauf × Entwicklung × Historie [Internet]. boerse.de. [zitiert 29. September 2025]. Verfügbar unter: https://www.boerse.de/historische-kurse/Netflix-Aktie/US64110L1061

32 ETFGI reports that assets invested in the Global ETFs industry reached a new milestone of US$11.63 trillion at the end of 2023 [Internet]. ETFGI LLP. 2024 [zitiert 29. September 2025]. Verfügbar unter: https://etfgi.com/news/press-releases/2024/01/etfgi-reports-assets-invested-global-etfs-industry-reached-new

33 2013ltr.pdf [Internet]. [zitiert 29. September 2025]. Verfügbar unter: https://www.berkshirehathaway.com/letters/2013ltr.pdf

34 Active Fund Managers vs. Indexes: Analyzing SPIVA Scorecards [Internet]. [zitiert 29. September 2025]. Verfügbar unter: https://www.ifa.com/articles/spiva-report-active-vs-passive

35 Russland-Ukraine-News (12.3.): Russland soll sieben Zivilisten getötet haben. Der Spiegel [Internet]. 12. März 2022 [zitiert 29. September 2025]; Verfügbar unter: https://www.spiegel.de/ausland/russland-ukraine-news-am-samstag-westliche-staaten-werfen-russland-wilde-verschwoerungsmythen-zu-biowaffen-vor-a-3c525f6b-4ad5–412b-9b33-ef293f45d730

36 Bruttoinlandsprodukt im Jahr 2023 um 0,3 % gesunken [Internet]. Statistisches Bundesamt. [zitiert 29. September 2025]. Verfügbar unter: https://www.destatis.de/DE/Presse/Pressemitteilungen/2024/01/PD24_019_811.html wirtschaft-gibt-politik-viele-moeglichke.html

37 Indien: Hohes Tempo der Wirtschaft gibt Politik viele Möglichkeiten [Internet]. [zitiert 29. September 2025]. Verfügbar unter: https://dzresearchblog.dzbank.de/content/dzresearch/de/2024/03/11/indien—hohes-tempo-der-wirtschaft-gibt-politik-viele-moeglichke.html

38 Japan – Wachstum des BIP bis 2030 [Internet]. Statista; [zitiert 29. September 2025]. Verfügbar unter: https://de.statista.com/statistik/daten/studie/14543/umfrage/wachstum-des-bruttoinlandsprodukts-in-japan/

39 USA – Wachstum des BIP bis 2030 [Internet]. Statista. [zitiert 29. September 2025]. Verfügbar unter: https://de.statista.com/statistik/daten/studie/14558/umfrage/wachstum-des-bruttoinlandsprodukts-in-den-usa/

40 Market Classification [Internet]. MSCI. [zitiert 29. September 2025]. Verfügbar unter: https://www.msci.com/indexes/index-resources/market-classification

41 MSCI World Index (USD). 2025

42 Schmutzer M. Länder- und Branchenaufteilung [Internet]. Stiftung Warentest. 2025 [zitiert 29. September 2025]. Verfügbar unter: https://www.test.de/MSCI-World-Index-5886867–0/

43 AVK-Marktbericht: Der europäische Composites-Markt 2024 [Internet]. Composites United. 2025 [zitiert 29. September 2025]. Verfügbar unter: https://composites-united.com/avk-marktbericht-2024/

44 Asien-ETFs: Welcher ist der beste? [Internet]. justETF. [zitiert 29. September 2025]. Verfügbar unter: http://www.justetf.com/de/how-to/invest-in-asia-pacific.html
45 MSCI World Index (USD). 2025
46 Petra Riedl. Die MSCI-Index-Klassifikationen im Detail [Internet]. justETF. 2025 [zitiert 29. September 2025]. Verfügbar unter: https://www.justetf.com/de/news/etf/news/etf/die-msci-index-klassifikationen-und-wie-sie-die-welt-einteilen.html
47 Suzuki S. Volatilität begünstigt oft hohe Schwellenländer-Aktienerträge [Internet]. AllianceBernstein. 2025 [zitiert 29. September 2025]. Verfügbar unter: https://www.alliancebernstein.com/de/de/adviser/insights/investment-insights/why-does-volatility-often-lead-to-strong-emerging-equity-returns.html
48 Fabian Taterka. MSCI Emerging Markets-ETFs: Welcher ist der beste? [Internet]. ETF.at. 2025 [zitiert 29. September 2025]. Verfügbar unter: https://etf.at/ratgeber/msci-emerging-markets-etf/
49 Walter Mischel. *The Marshmallow Test: Mastering Self-Control.* 1. Auflage, Brown and Company; 2014
50 Über die International Securities Identification Number (ISIN) [Internet]. ISIN. [zitiert 29. September 2025]. Verfügbar unter: https://www.isin.org/de/isin/
51 Xtrackers MSCI World UCITS ETF Acc [Internet]. Finanzfluss. [zitiert 29. September 2025]. Verfügbar unter: https://www.finanzfluss.de/informer/etf/ie00b3rbwm25/
52 Credit Rating – Countries – List [Internet]. Economics. [zitiert 29. September 2025]. Verfügbar unter: https://tradingeconomics.com/country-list/rating Rating-Matrix [Internet]. Börse. [zitiert 29. September 2025]. Verfügbar unter: https://www.boerse-frankfurt.de/wissen/wertpapiere/anleihen/rating-matrix
53 Rendite für Staatsanleihen mit zehnjähriger Laufzeit ausgewählter Länder weltweit im August 2025 [Internet]. 2025 Sep [zitiert 29. September 2025]. Verfügbar unter: https://de.statista.com/statistik/daten/studie/77722/umfrage/rendite-von-zehnjaehrigen-staatsanleihen-nach-europaeischen-laendern/
54 Argentinien Anleihen, Bond und Renten [Internet]. wallstreet-online. [zitiert 29. September 2025]. Verfügbar unter: https://www.wallstreet-online.de/anleihen/anleihen-filter/argentinien
55 BMW Finance Anleihen × Bonds × Renten [Internet]. finanzen.net. [zitiert 29. September 2025]. Verfügbar unter: https://www.finanzen.net/anleihen/bmw-finance-anleihen

56 Wirecard AG: Application for opening of insolvency proceedings [Internet]. wirecard. 2020 [zitiert 29. September 2025]. Verfügbar unter: https://www.wirecard.com/2020/06/25/wirecard-ag-application-for-opening-of-insolvency-proceedings/
57 Haller C. MSCI World SRI Indexvergleich × Die nachhaltigsten globalen ETFs [Internet]. Finanzpedia.net. 2025 [zitiert 29. September 2025]. Verfügbar unter: https://finanzpedia.net/msci-world-sri-index-vergleich/
58 Gschwentner M. Statistiken: Nachhaltige ETFs – Nachfrage, Anzahl, Performance und mehr [Internet]. Zendepot. 2025 [zitiert 29. September 2025]. Verfügbar unter: https://zendepot.de/etf/etf-statistiken/nachhaltige-etf
59 Yoder K. Oil companies say they're going green, but their investments tell another story [Internet]. Grist. 2022 [zitiert 29. September 2025]. Verfügbar unter: https://grist.org/accountability/oil-companies-marketing-greenwashing-report/
60 Li YM, Lin LF, Hung MC. »A collective portfolio selection approach for investment clubs.« Inf Manage. 1. März 2024; 61(2): S. 103909
61 The Practical Guide to Behavioral Finance and Investing [Internet]. Morningstar, Inc. [zitiert 29. September 2025]. Verfügbar unter: https://www.morningstar.com/views/research/behavioral-finance
62 Einlagensicherung und Anlegerentschädigung [Internet]. BaFin. [zitiert 29. September 2025]. Verfügbar unter: https://www.bafin.de/DE/Verbraucher/Bank/Einlagensicherung/einlagensicherung_node.html
63 Risiko und Einlagensicherung: Fragen und Antworten zur Geldanlage [Internet]. 2023 [zitiert 29. September 2025]. Verfügbar unter: https://www.verbraucherzentrale.de/wissen/geld-versicherungen/sparen-und-anlegen/risiko-und-einlagensicherung-fragen-und-antworten-zur-geldanlage-5417
64 Einlagensicherung und Anlegerentschädigung [Internet]. BaFin. [zitiert 29. September 2025]. Verfügbar unter: https://www.bafin.de/DE/Verbraucher/Bank/Einlagensicherung/einlagensicherung_node.html
65 Anlageberatung: Was Sie beachten sollten [Internet]. BaFin. 2024 [zitiert 29. September 2025]. Verfügbar unter: https://www.bafin.de/DE/Verbraucher/GeldanlageWertpapiere/Anlageberatung/anlageberatung_node.html
66 Wertpapierdienstleistungen [Internet]. BaFin. 2024 [zitiert 29. September 2025]. Verfügbar unter: https://www.bafin.de/DE/Aufsicht/BankenFinanzdienstleister/Markteintritt/Wertpapierdienstleistungen/wertpapierdienstleistungen_node.html
67 Mekis A. Kapitalertragsteuer (KapESt) [Internet]. Raisin. 2025 [zitiert 29. September 2025]. Verfügbar unter: https://www.raisin.com/de-de/steuer/kapitalertragsteuer/

68 Die wichtigsten steuerlichen Änderungen 2025 [Internet]. Bundesministerium der Finanzen. 2024 [zitiert 29. September 2025]. Verfügbar unter: https://www.bundesfinanzministerium.de/Content/DE/Standardartikel/Themen/Steuern/das-aendert-sich-2025.html
69 Besteuerung inländischer sowie im Inland bezogener Kapitalerträge [Internet]. Bundesministerium Finanzen. [zitiert 29. September 2025]. Verfügbar unter: https://bmf.gv.at/themen/steuern/sparen-veranlagen/besteuerung-kapitalertraege-inland.html
70 Steuerfreibetrag Kapitalertragsteuer [Internet]. 2025 [zitiert 29. September 2025]. Verfügbar unter: https://www.broker-test.at/steuern/steuerfreibetrag-kapitalertragsteuer/
71 Wetzel A. Steuern und ETFs – einfach erklärt [Internet]. 2024 [zitiert 29. September 2025]. Verfügbar unter: https://www.justetf.com/at/academy/academy/steuern-und-etfs-at.html
72 John E. Kapitalertragsteuer Schweiz: Alle Informationen 2025 [Internet]. 2024 [zitiert 29. September 2025]. Verfügbar unter: https://einwandern-schweiz.ch/arbeiten-in-der-schweiz/kapitalertragsteuer-schweiz/
73 MSCI World Index [Internet]. [zitiert 4. Oktober 2025]. Verfügbar unter: https://www.msci.com/indexes/index/990100
74 Top MSCI World ETFs × Find The Best MSCI World ETF [Internet]. [zitiert 4. Oktober 2025]. Verfügbar unter: http://www.justetf.com/en/how-to/msci-world-etfs.html
75 MSCI World Index [Internet]. [zitiert 4. Oktober 2025]. Verfügbar unter: https://www.msci.com/indexes/index/990100
76 S&P 500® × S&P Dow Jones Indices [Internet]. [zitiert 4. Oktober 2025]. Verfügbar unter: https://www.spglobal.com/spdji/en/indices/equity/sp-500/
77 MSCI EM (Emerging Markets) Index [Internet]. [zitiert 4. Oktober 2025]. Verfügbar unter: https://www.msci.com/indexes/index/891800
78 Economic Monitoring [Internet]. [zitiert 4. Oktober 2025]. Verfügbar unter: https://www.worldbank.org/en/research/brief/economic-monitoring
79 Germany's DAX to expand to 40 members from 30 in index shake-up [Internet]. [zitiert 4. Oktober 2025]. Verfügbar unter: https://www.cnbc.com/2020/11/24/germanys-dax-to-expand-to-40-members-from-30-in-index-shake-up.html
80 DAX-Index – Benchmark und Barometer für die deutsche Wirtschaft [Internet]. [zitiert 4. Oktober 2025]. Verfügbar unter: https://www.deutsche-boerse.com/dbg-de/media/news-stories/explainers/DAX-Index-Benchmark-und-Barometer-f-r-die-deutsche-Wirtschaft-148654
81 MSCI ACWI Index [Internet]. [zitiert 4. Oktober 2025]. Verfügbar unter: https://www.msci.com/indexes/index/892400

82 Top MSCI ACWI ETFs × Find The Best MSCI ACWI ETF [Internet]. [zitiert 4. Oktober 2025]. Verfügbar unter: http://www.justetf.com/en/how-to/msci-acwi-etfs.html
83 STOXX® Europe 600 – STOXX [Internet]. [zitiert 4. Oktober 2025]. Verfügbar unter: https://stoxx.com/index/sxxp/
84 Nasdaq-100® × The Index of Innovation [Internet]. [zitiert 4. Oktober 2025]. Verfügbar unter: https://www.nasdaq.com/solutions/global-indexes/nasdaq-100
85 Nasdaq-100® Companies – Sector Breakdown × Nasdaq [Internet]. [zitiert 4. Oktober 2025]. Verfügbar unter: https://www.nasdaq.com/solutions/global-indexes/nasdaq-100/companies